族群多样性

影响社会信任的效应及机制研究

贾洛雅 杜 欣 王 涛 著

西安交通大學出版社
XI'AN JIAOTONG UNIVERSITY PRESS

图书在版编目(CIP)数据

族群多样性影响社会信任的效应及机制研究 / 贾洛雅，杜欣，王涛著. -- 西安 ：西安交通大学出版社，2024.3
ISBN 978-7-5693-0797-9

Ⅰ. ①族… Ⅱ. ①贾… ②杜… ③王… Ⅲ. ①社会关系—研究—中国 Ⅳ. ①D668

中国国家版本馆 CIP 数据核字(2023)第 230886 号

书　　名 族群多样性影响社会信任的效应及机制研究
ZUQUN DUOYANGXING YINGXIANG SHEHUI XINREN DE XIAOYING JI JIZHI YANJIU
著　　者 贾洛雅　杜　欣　王　涛
责任编辑 史菲菲
责任校对 王建洪
装帧设计 伍　胜

出版发行 西安交通大学出版社
(西安市兴庆南路1号　邮政编码 710048)
网　　址 http://www.xjtupress.com
电　　话 (029)82668357　82667874(市场营销中心)
(029)82668315(总编办)
传　　真 (029)82668280
印　　刷 西安五星印刷有限公司

开　　本 700mm×1000mm　1/16　**印张** 15　**字数** 189 千字
版次印次 2024 年 3 月第 1 版　2024 年 3 月第 1 次印刷
书　　号 ISBN 978-7-5693-0797-9
定　　价 98.00 元

如发现印装质量问题，请与本社市场营销中心联系。
订购热线：(029)82665248　(029)82667874
投稿热线：(029)82665379
读者信箱：511945393@qq.com

前　言

党的二十大报告强调:“以铸牢中华民族共同体意识为主线,坚定不移走中国特色解决民族问题的正确道路,坚持和完善民族区域自治制度,加强和改进党的民族工作,全面推进民族团结进步事业。”认真学习贯彻党的二十大精神,要坚持以铸牢中华民族共同体意识为新时代党的民族工作的主线。在铸牢中华民族共同体意识过程中,社会信任是凝聚社会共识、形成社会秩序、优化社会治理的基本要素。

如何在族群复杂多样的地区建构与提升居民间的社会信任水平? 众多研究针对美国、英国、加拿大等西方国家,就这一议题进行了深入而持续的探讨,但缺少对中国社会的关注与分析。鉴于中国西部是少数族群聚居区,本书利用“中国西部社会经济变迁调查”(CSSC)数据,使用多层次混合效应线性回归模型(MMLRM)、多层次一般化结构方程模型(MLGSEM),实证分析族群多样性影响两类社会信任(特殊信任、普遍信任)的具体效应,并进一步探讨族际交往意愿和族际交往能力所起的中介作用及具体的作用效应。

实证分析的主要发现是:①整体上看,族群多样性与特殊信任、普遍信任之间是U形关系,即随着族群多样性的增加,特殊信任和普遍信任水平先降低后升高;进一步的中介效应分析表明,族群多样性的增加会通过族际交往意愿、族际交往能力间接提升特殊信任和普遍信任,但这一提升作用存在限度。②分族群来看,对于汉族、维吾尔等族和回族等族,族群多样性与两类信任之间是U形关系;对于藏土等族,族群多样性与特殊信任之间是负向的线性关系,但是与普遍信任之间无显著关系；对于满蒙等族，族群多样性与两类信任之间均无显著关系；对于南方各族，族群多样性与特殊信任之间是U形关系，但是与普遍信任之间是负向的线性关系。进一步的中介效应分析表明，对于汉族，族群多样性的增加会通过族际交往意愿、族际交往能力间接提升两类信任，但族际交往意愿的提升作用存在限度；对于藏土等族，族群多样性的增加会通过族际交往意愿线性提升普遍信任、对特殊信任无显著影响，而族际交往能力无显著的中介作用；对于回族等族，族群多样性的增加会通过族际交往意愿线性提升两类信任，而族际交往能力无显著的中介作用；对于维吾尔等族、满蒙等族、南方各族，族际交往意愿、族际交往能力均无显著的中介作用。

本书的主要创新之处在四个方面：第一，首次针对族群构成复杂多样的中国西部地区，系统探讨了族群多样性如何影响居民的两类社会信任——特殊信任、普遍信任，并对比分析了汉族与其他五大类少数族群在此方面的异同。第二，在分析视角和解释机制方面，着重从族际交往的视角出发，将族际交往分为主观——族际交往意愿、客观——族际交往能力两个维度，详细探讨了二者在族群多样性与两类信任间的具体中介作用效应，从社会结构观和社会互动观的角度考察了不同族群的社会信任状况及其差异。第三，发现了族群多样性影响社会信任的非线性模式，并进一步剖析了其产生的原因和机制。实证分析发现，整体上族群多样性与两类信任之间是U形关系，而非既有研究所强调的线性关系。进一步的中介效应分析也表明，族群多样性通过族际交往意愿、族际交往能力会影响到最终的社会信任，而影响模式为倒U形。针对此U形模式和倒U形模式，进一步计算出了相应的底点、顶点，剖析了其背后的产生机制，阐释了其具有的现实意义。第四，诠释了族群多样性影响社会信任的双重机制。中介效应分析的结果表明，族群多样性对两类信任不仅存在直接效应，也会通过两个维度的交往间接影响到两类信任；进一步计算出了直接效应和间接效应的模型系数，着重解析了间接效应的作用限度和内在机制，阐释了其具有的现实意义和政策含义。

基于实证分析与研究发现，相应的政策建议主要有：首先，需要重点关注社会信任程度处于最低水平即族群多样性处于中等水平的社区；其次，族际交往意愿和族际交往能力的中介效应存在质的差异，为此需要建立相应的制度安排与政策措施，以充分利用其积极作用和正向影响，避免其消极作用和负向影响；最后，由于族群多样性、族际交往与社会信任之间的作用关系在不同族群大类间存在差异，为此需要针对不同族群采取相应的政策措施，以更有效地提升多元族群地区的社会治理水平。

习近平总书记在全国民族团结进步表彰大会上的讲话中强调："在百年抗争中，各族人民血流到了一起、心聚在了一起，共同体意识空前增强，中华民族实现了从自在到自觉的伟大转变。"中华民族作为一个自在的民族实体形成的历史非常久远，但作为一个自觉的民族实体则是在近代反抗西方列强的百年抗争中出现的。在争取民族独立、人民解放的斗争中，以爱国主义为核心的伟大民族精神空前高涨，中华民族共同体意识不断增强。当今世界，国际格局加速演进、国际关系深度调整，不稳定性不确定性明显上升，世界进入新的动荡变革期。一方面，和平、发展、合作、共赢的历史潮流不可阻挡；另一方面，经济全球化遭遇逆流，冷战思维和集团政治回潮，单边主义、保护主义抬头。人类社会正站在十字路口，面临前所未有的挑战。当今中国，正处于中华民族伟大复兴的关键时期，综合实力和国际影响力不断提升，日益走近世界舞台中央。与此同时，我国发展面临的外部环境日趋严峻复杂，风险挑战与日俱增。特别是美西方反华势力借所谓民族议题干涉中国内政，妄图挑拨中国民族关系、遏制中国发展壮大。面对日益上升的外部风险挑战，铸牢中华民族共同体意识，推进中华民族共同体建设，成为一项十分重大而紧迫的战略任务。习近平总书记在学习贯彻党的二十大精神研讨班开班式上强调："一个国家走向现代化，既要遵循现代化一般规律，更要符合本国实际，具有本国特色。中国式现代化既有各国现代化的共同特征，更有基于自己国情的鲜明特色。”中国式现代化是人口规模巨大的现代化，中国自古以来就是统一的多民族国家，有广大的民族地区和众多的民族，这是中国式现代化必须基于的国情特色。实现中国式现代化，必须全面贯彻落实以人民为中心的发展思想，以铸牢中华民族共同体意识为主线，通过提升多元民族地区的社会信任，不断加强和改进党的民族工作，把民族团结进步事业作为基础性事业抓紧抓好，不断为推进中国式现代化汇聚各民族共识，凝聚全民族合力。

著 者

2023 年 10 月

目 录

第1章 绪论

1.1 研究问题的提出

一个国家的长治久安在很大程度上依赖于整体社会所呈现出来的信任状态[1-2]。党的十八大以来,以习近平同志为核心的党中央高度重视民族工作,创造性提出以铸牢中华民族共同体意识为主线,推进民族工作高质量发展。党的二十大报告作出了以中国式现代化全面推进中华民族伟大复兴的重要论断,明确指出要“以铸牢中华民族共同体意识为主线,坚定不移走中国特色解决民族问题的正确道路,坚持和完善民族区域自治制度,加强和改进党的民族工作,全面推进民族团结进步事业”。在实现全面建设社会主义现代化国家、以中国式现代化全面推进中华民族伟大复兴的宏伟蓝图的过程中,社会信任是核心要义之一。正如习近平总书记在第十四届全国人民代表大会第一次会议上的讲话所强调的:“人民的信任,是我前进的最大动力,也是我肩上沉甸甸的责任。”[3]铸牢中华民族共同体意识,加强各民族交往交流交融,促进各民族和睦相处、和衷共济、和谐发展,不断巩固发展全国各族人民大团结,让各民族像石榴籽一样紧紧抱在一起,以中国式现代化全面推进中华民族伟大复兴,离不开海内外中华儿女的团结信任。

究其原因，社会信任体现的是人们通过相互的协调与合作来满足需要的一种社会行动，其渗透于一切社会交往活动中，可以有效降低交往成本、促进相互协作、凝聚社会共识，既是文明发展的重要产物，也是文明发展的重要标志[4-5]。在社会信任程度较高的社会里，社会成员往往拥有更具包容性、普遍性的道德规范和公共精神，制度运行与社会治理的效率更高，经济增长与政策执行的状况更好，整体社会相对更有活力[6-7]。而在社会信任程度较低的社会里，社会容易产生人际关系紧张、合作成本增加等问题，经济投资的效率、经济发展的质量相对更低，不利于整体社会的良性运行与协调发展[8]。

在影响社会信任的众多因素中，一个尤其重要的因素是，现代社会中人类活动的种类和模式比以往任何时期都更加丰富多彩，这对社会信任的建构和社会共识的凝聚带来了重大挑战和冲击。其具体表现为，当今世界上绝大多数国家都属于多族群国家，社会成员通常由一些在体质特征、语言使用、宗教信仰等方面存在差异的不同族群成员构成。尤其随着经济、科技、交通等方面的进步，社会成员跨越城乡、区域、国家界限的流动与迁移变得更为便捷，更加有利于形成一个愈加多元、开放的现代社会，从而使得族群多样性①在整体上或至少在某些局部地区不断增加，整体社会变得比以往更加多元。这意味着，不同社会单元，比如国家、地区、社区、家庭乃至个人，都将会有更大的可能包含或者遇到更多不同族群的成员，并需要与更多不同族群的成员展开形式多样的社会交往活动。从长期来看，族群

① 关于使用“民族”还是“族群”的表述，是国内学界多年来争论不休的一个议题。本书无意于讨论“民族”与“族群”的概念和表述差异，重点探讨的是中华民族多元一体格局下社会信任的建构和社会共识的凝聚问题。另外，考虑到本书的主要学术对话对象是罗伯特·帕特南(Robert Putnam)等西方学者有关族群多样性与社会信任关系的争论，为了尽可能避免歧义，本书除参考文献部分沿用不区分概念含义的“民族”一词外，文中其他部分将与56个“民族”对应的术语表述为“族群”，基于这一文化差异形成的多样性因而称为“族群多样性”。总之，“族群多样性”与“民族多样性”的称谓之别不是本书探讨的重点，重点是对这种多样性程度影响社会信任的具体效应和背后机制的探讨，旨在以此促进中华民族的社会信任建构和社会共识凝聚，这是笔者一直以来怀有的初心。

多样性的不断增加给个人、群体在经济、社会、文化等方面的交流与发展提供了更多宝贵资源;但是从短期来看,这种向一个更加多元、复杂社会的转变削弱了社会团结,抑制了社会资本。这表明,族群多样性的不断增加,既是当前各国面临的最重要的机会之一,同时也是最重要的挑战之一[9]。所以,现代社会的一个主要任务和挑战是基于多样化的基础创造一种全新的、广阔的“我们”感,即形成一种具有集体性与包容性特征的社会资本[10],也是社会共识的凝聚。为了实现这一目标,前提之一是需要建构社会成员相互信任这一基石[11-12]。

在建构社会信任的过程中,多元族群地区的社会信任问题尤其成为社会治理领域中极具挑战性的重大议题。也可以说,基于族群多样性的背景来理解与分析一个多元族群国家的社会信任问题,讨论与制定与之有关的制度与政策,从而凝聚多样性背景下的社会共识,是每个多元族群国家都必须面对的重大问题,也构成了多元族群国家公共管理体制改革的重要社会背景。其中,理解现实生活中多族群分布的基本状况,对社会信任的发展态势进行深入系统的分析,厘清族群多样性影响社会信任的效应及机制,为正确认识多元族群地区社会信任问题的根源、现状和对策提供了重要的理论和实证支持。

但是从当前已有的研究来看,对族群多样性与社会信任关系的研究常见于西方社会,其主要涉及美国、英国、加拿大、澳大利亚等西方国家的移民、种族、宗教等多样性因素对社会信任的影响,并且在影响机制和作用方向上充满争议[9,13-16]。中国虽然不是典型的移民输入国,但是众所周知,中国是在历史长河的不断演进中形成的多元族群国家,具有幅员辽阔、文化多样、环境复杂等特征。中国社会自古以来尤其重视多族群之间的团结与和谐,注重建构多族群地区的社会信任。在古代中国,一些族群往往通过会盟、互市等形式来加强族群之间的交流与信任,封建统治者会通过和亲、册封等形式来处理族际问题和加强族际信任,在一定程度上取得了非常好的效果[17]。现代中国社会同样强调通过建构社会信任来加强社会协作、凝聚社会共识[18-19],形成同呼吸、共命运的中华民族共同体[17,20-21]。随着改革开放四十多年来经济社会的快速发展,综合国力不断增强,人民的物质生活水平不断提高,同时也存在一系列诸如信任资源短缺的问题。相关调查结果显示,中国社会信任水平低于及格线,社会总体信任水平进一步降低,具有人际不信任扩大化和群体间不信任加深化的特点,导致社会内耗和冲突加大,其严重影响了经济、政治、文化等方面的协调发展[22]。所以,在城市化高速推进、人口迁移范围不断扩展、族际交往格局不断扩大的背景下,建构多元族群地区的社会信任,凝聚全国各族人民的思想和共识,形成和谐、融合的多元一体格局,是新时代国家治理体系的一项重要目标。而有关族群与信任的研究在国内学术界相对较少。已有研究主要比较了维汉两族间的信任差异[23],认为不同规模地区居民人际信任程度既存在差异性又存在相似性[24],强调信任是构建和谐族际关系的基础[17,25],是形成“一带一路”合作倡议民心相通的桥梁[26],是加强民族团结和民族事务治理的重要内容[27]。少数有关族群多样性的研究主要综述了族群多样性与经济增长的关系[28],指出族群多样性的增加降低了地方经济的增长率[29],却有利于减缓贫困[30]。总之,虽然既有文献对我国居民社会信任水平的影响因素和影响结果、族际信任和族群多样性的重要作用等方面进行过相当深入的探讨,但是对于族群多样性会如何影响社会信任,以及此影响在不同族群间存在哪些差异,目前尚无系统性的理论分析和实证检验。

基于此,本书将利用相对权威的综合调查数据,对中国社会的族群多样性影响社会信任的具体效应和作用机制进行考察,旨在回答以下问题:①族群多样性影响社会信任的效应是什么?②族群多样性影响社会信任的机制是什么？③针对不同的族群大类，这些影响有何异同？其中，效应分析主要是在明确建构的行动、互动理论基础上对特定社会信任现象的解释，机制分析主要是对社会信任现象如何产生的机制进行解释[31]。本书试图以此来探讨解决多元族群地区社会信任问题的基本路径和政策要义。

1.2 研究的学术价值与现实意义

本书将对族群多样性背景下的社会信任进行多方位的考量，这不仅有助于进一步深化社会信任理论内涵，而且有助于建构与中国多族群结构相适应的社会信任体系，具有重要的学术价值和现实意义。

1.2.1 研究的学术价值

综合来看，有关族群多样性与社会信任的关系研究常见于西方社会，并且在影响机制和作用方向上充满争议。对于族群多样性如何影响中国社会的信任体系，以及具体的影响效应在不同族群间存在哪些差异，目前尚无系统性的理论分析。因此，基于族群多样性的背景探讨中国社会不同族群的社会信任结构与机制，具有一定的理论新意。

1.深化社会信任解释机制

众多有关社会信任的研究关注信任的产生途径或影响因素。社会信任作为一种简化社会复杂性的机制，有关其来源的解释也是复杂多样的。西方学术界重点从价值规范论、社会资本论、理性选择论、技术决定论等理论视角就社会信任的影响因素给出了不同的解释。这些理论往往视社会信任为一种产生于社会制度或文化规范背景下，建立在法律制度或伦理准则基础上的社会现象。与此相应，中国学者指出，中国社会往往通过建构“自己人”概念而形成和发展了一种关系性信任[32]。有关中国社会信任的研究，重点关注了社会流动、企业组织、社会资本、政府绩效、公共资源等因素对社会信任的影响[33-35]。在这些众多解释社会信任的机制中，国内的研究很少关注与"自己人"相对的"外族群"或族群多样性对社会信任的影响，也很少关注族群多样性与社会信任之间的作用机制。另外考虑到中国社会的信任结构具有更加明显的"差序格局"①特征，基于熟人关系所形成的特殊信任和基于陌生人关系所形成的普遍信任构成了社会信任的基本形态[36]，而基于多样化背景形成的社会信任问题不仅会扩展到陌生人之间，还会扩展到熟人之间，所以对中国社会的特殊信任与普遍信任的形成和机制进行对比和分析具有重要的理论和现实意义。本书因此试图在"社会结构论"的理论框架下考察多元族群背景下中国社会信任的结构形态，实证分析族群多样性对特殊信任与普遍信任的具体影响效应和作用机制，具有深化社会信任差异解释和拓展社会信任研究视阈的理论价值。

2. 扩展族群多样性与社会信任关系研究

在族群种类、居住模式、时代背景等方面，中国社会与西方社会(尤其是移民国家)存在一定差异。这种独特的社会背景要求在考察族群多样性对社会信任的具体影响时，需要尤其关注族群多样性对社会信任的影响在不同地区、不同族群间的差异状况。本书主要从以下几个方面来扩展族群多样性与社会信任的关系研究。

首先，已有研究主要关注的是美国[9,37]、英国[15,38]、德国[39-40]、丹麦[41]、澳大利亚[14]、加拿大[42]、西班牙[43]、荷兰[44]、瑞典[45-46]、挪威[47]等国家的移民或种族多样性对移民与原住民、少数种族与多

---

① "差序格局"是费孝通先生对中国社会结构与西方社会结构的不同之处的思考(详见《乡土中国 生育制度》一书)。如果将西方社会的格局描述为一捆一捆扎清楚的柴，而中国社会的格局则好像是把一块石头丢在水面上所发生的一圈圈推出去的波纹。每个人都是他社会影响所推出去的圈子的中心。被圈子的波纹所推及的就发生联系。每个人在某一时间某一地点所动用的圈子是不一定相同的。

数种族、一代移民与二代移民的社会信任状况的影响。与这些国家不同的是,中国是一个由众多不同族群组成的多元一体格局国家,不同族群具有不同的风俗习惯和生活方式,构成了丰富多彩的多元族群文化特色。本书将在已有研究的基础上探讨中国社会的族群多样性影响社会信任的具体效应及作用机制。其次,相关研究证明,族群多样性会通过族际交往这一中介因素影响到最终的社会信任[16]。不过,已有研究主要关注了积极性(朋友)、中立性(偶遇)或消极性(歧视)等不同形式的族际交往及其中介效应[48],没有注意到与族际生活密切相关的主观族际交往意愿和客观族际交往能力的作用效应。然而,族际交往意愿是反映族际关系和谐与信任程度的重要指标[49],反映的是族际交往过程中的"是否有心"状态,只有族际交往意愿强烈,才会形成亲密的私人关系与和谐的族际关系。族际交往能力反映的是族际交往过程中的"是否有力"状态。在多元文化日益加强的大趋势下,社会成员适应和融入多元文化浪潮的能力也是影响社会融合程度的重要因素[49],基于语言、习俗等方面的族际交往能力决定和塑造了社会信任的建构和族际关系的发展态势。因此,本书将探讨族际交往意愿和族际交往能力在族群多样性与社会信任之间的中介作用。另外,已有研究主要关注的是多数族群中族群多样性与社会信任之间的作用关系,事实证明这一作用关系在不同地区的不同群体中具有一定的差异性[9]。基于此,本书将进一步探讨与分析这一作用关系在不同族群大类间的异同。

3.丰富族际交往研究

自二战以来,美国主流社会意识到要想避免因为分裂而被征服,就必须解决历史遗留下来的种族(白人与黑人)关系问题,以此来维护国家的团结和统一,族际交往理论应运而生。这一理论重点关注的是如何通过群体之间的交往来改善群体之间的关系,以及作用的效度和限度[50]。在戈登·奥尔波特(Gordon W. Allport)提出的族际交往最优条件假说(平等地位、共同目标、协作互助、制度支持)的基础之上[51],托马斯·佩蒂格鲁(Thomas F. Pettigrew)与琳达·特罗普(Linda R. Tropp)最先运用元分析(meta-analysis)方法,证明族际交往越频繁,族际偏见越低[52]。后续的研究相继对学校、邻里、地区或者国家等范围内的少数群体、多数群体或相互之间的族际交往展开了进一步的探索[53],不断扩充了族际交往的理论体系。其研究对象从最初的种族群体扩展至老年人、精神病患者、同性恋等诸多群体,研究方法也从最初的问卷调查扩展至现场深度访谈、历史档案研究、心理实验研究等。但这些研究主要关注的还是西方多种族、移民国家中,少数与多数种族、移民与原住民、一代与二代之间的族际交往。虽然族际交往理论源于西方多种族或移民国家,是在不同种族或移民相互交往的基础上形成的理论体系,其历史背景和现实基础与多元族群的中国社会存在一定差异,但是其对于促进多元族群的中国社会不同族群之间的交往、交流、交融具有重要的借鉴价值。国内学术界也意识到了族际交往的重要作用,从理论上梳理了族际交往理论的历史渊源、作用机制与发展方向[54],综述了族际交往的效力、最优条件、作用限度以及面临的困境[55],强调族际交往是化解族际冲突的重要策略[56]。但是,有关中国社会族际交往的理论框架还不够深入和具体,理论思考还不够完善和明确,很难对当前的现实问题进行理论指导,族群工作在具体实践过程中也因为缺乏明晰的理论指导,而引发了一系列难题和困惑[55]。这说明族际交往的理论建构在中国还大有研究空间,未来的研究应该从和谐族际关系的视角,致力于族际交往理论中国化的建构和发展。本书因此关注族际交往这一中介变量的影响因素,以及族际交往对不同族群的社会信任的影响作用,这对丰富族际交往机制研究具有重要的理论意义。

1.2.2 研究的现实意义

中国是在历史长河的不断演进中形成的多元族群国家，不同族群经过了不断的流动、交往、融合，形成了兼容并包、你中有我、我中有你的中华民族多元一体格局[57]。第七次全国人口普查数据显示，全国人口14.1178亿①，其中各少数民族人口为1.2547亿，占总人口比重的8.89%[58]。这一基本国情，决定了族群工作始终是关系党和人民事业发展全局的一项重大工作。

提升多元族群地区的社会信任程度，在包容差异的基础上凝聚社会共识，是形成和谐、融合的多元一体格局的现实需求。因此，探究族群多样性影响社会信任的效应及机制是实现这一目标的题中之意，也体现了管理学与社会学的学科交叉。

1.提高社会信任

提升多元族群地区的社会信任度，促进公共生活图景的良序运行，是当前一个重要而迫切的现实问题。中国当下的社会信任问题存在于各类群体、阶层、行业之间，既有熟人之间的信任问题，也有陌生人之间的信任问题，既包括传统社会已有的同族熟人之间的信任问题，也包括现代社会面临的异族陌生人之间的信任问题，还包括个体与族群、族群与族群、族群与社会之间的信任问题。多元族群社会可能出现的社会信任问题，已成为现代中国社会信任问题的重点，而其解释和解决之道还需回到具体的社会结构以及文化背景中去寻找。

社会信任不仅仅是一种个体行动，还涉及基本的社会结构，是与社会结构和个体行动紧密相关的现实产物。因此，本书既分析族群多样结构对社会信任的影响，还分析族际交往意愿和族际交往能力在族群多样结构和社会信任之间的中介作用，以及不同族群间的社会信任结

---

① 全国人口是指我国大陆31个省、自治区、直辖市和现役军人的人口，不包括居住在31个省、自治区、直辖市的港澳台居民和外籍人员。

构差异，有助于立足于中国多元族群的现实背景，针对不同族群的特色，基于不同族际交往形态，形成一种新型综合性社会信任结构。

2. 促进族际交往

中国是一个疆域广阔、人口众多的多元族群国家。由于生活区域、历史背景、生活方式的不同，不同族群有着不同的文化渊源，特别是在社会转型、体制改革、人口流动和城乡一体化的现实影响下，各族群之间的交流不断扩大。但是，沟通不足、理解不深等问题仍存在，并由此引发了一系列的摩擦和矛盾。因此，如何消除族际隔阂，促进族群协作，推进全国各族人民的团结进步，是构建和谐社会的一个重要课题。国内学术界对此进行了一定的研究，指出影响族际交往的因素包括宗教信仰、文化认知、历史事件、人口流动、居住格局等因素[59]；族际心理距离是制约族际交往的重要因素[60-61]；族际接触通过影响跨文化的敏感度而影响族际交往的态度和行为[62]；族际网络交往行为会通过影响族际交往情感，进而影响少数族群网民在现实生活中的族际交往[63]；互嵌型的社会结构和社区环境有利于推动族际交往[64]；跨文化互动是决定族际交往关系和程度的重要因素[65]；另外，心理因素对族际交往也具有重要影响[66-67]。

但是因为缺乏有关族群的大型调查数据，对族际交往的影响机制和作用效果进行规范的量化分析的研究并不多见，质性思考明显多于量化分析。如何因时、因地制宜地激发不同族群参与族际交往的积极性？如何创造符合中国国情且能有效加强族际交往的最优条件？如何通过加强族际交往来建构社会信任？这一系列有关中国社会族际交往具体影响机制、作用效果、群体差异等的问题在已有研究中还没有得到实质性的回答，有待进一步的深入探讨。本书引入族际交往机制作为解释族群多样性影响社会信任的中介因素，考察族际交往的影响机制和作用效应，有利于基于不同族群特色、不同地区族群结构促成具有合理性与针对性的族际交往结构。

3.凝聚社会共识

社会共识在人类文明的历史进程中起着至关重要的作用，人类社会的发展史也可以看作是一部社会共识的形成史。作为一种群体性的高级动物，人与人之间的相互协作是人类社会赖以生存与发展的先决条件，如果没有这一基本共识，人类社会的存在与发展都无从谈起。另外，社会共识作为一种整合社会价值、解决社会矛盾、构建公共理性的基本要素，是协调社会秩序诸因素中最复杂、最关键和最难控制的因素，也是社会科学始终关注的核心议题之一。因此，基于凝聚社会共识的终极目标探讨多元族群社会中的社会信任建构问题具有重要的现实意义。

社会共识在一定程度上反映了不同族群在多元差异的基础上形成的平等互助、和平共处关系，这种关系的形成来源于人与人、族群与族群、人与族群之间的相互信任[68]。凝聚社会共识的重要基础在于构建整体社会的信任形态，因为只有在一个相互信任的社会中，才能实现真正的合作共赢，整体社会才会充满希望与力量[69]。另外，社会信任还是构建和谐族际关系的重要基础，不同族群之间的和谐往往得益于相互之间的信任[17]。正是得益于社会信任的基础力量，社会交往的成本更低，社会合作的效率更高，群体之间的利益协调与协作互助更容易实现。因为彼此之间的信任，不同族群的人们才可以超越族群、宗教、文化的界限形成相互协作的共识体系。反之而言，如果缺乏信任，或者当信任只局限在族群、地域、血缘内部时，容易产生族际隔阂、族际偏见、族际冲突等问题。在社会结构变迁、流动人口剧增的现代社会，族群之间的交往交流交融、协商合作互信，关系到中华民族的团结和统一。社会共识的凝聚，亟须在中华民族认同的规范下，在族际交往、交流、交融的过程中，动员社会各方力量来推进社会信任的制度化建构，形成“各美其美，美人之美，美美与共”的社会信任格局，以此铸牢中华民族共同体意识。

正如习近平总书记在全国民族团结进步表彰大会上的重要讲话中所强调的:“在百年抗争中,各族人民血流到了一起、心聚在了一起,共同体意识空前增强,中华民族实现了从自在到自觉的伟大转变。”中华民族作为一个自在的民族实体形成的历史非常久远,但作为一个自觉的民族实体则是在近代反抗西方列强的百年抗争中出现的。在争取民族独立、人民解放的斗争中,以爱国主义为核心的伟大民族精神空前高涨,中华民族共同体意识不断增强。当今世界,国际格局加速演进,国际关系深度调整,不稳定性、不确定性明显上升,世界进入新的动荡变革期。一方面,和平、发展、合作、共赢的历史潮流不可阻挡;另一方面,经济全球化遭遇逆流,冷战思维和集团政治回潮,单边主义、保护主义抬头。人类社会正站在十字路口,面临前所未有的挑战。当今中国,正处于中华民族伟大复兴的关键时期,综合实力和国际影响力不断提升,日益走近世界舞台中央。与此同时,我国发展面临的外部环境日趋严峻复杂,风险挑战与日俱增。特别是美西方反华势力借所谓民族议题干涉中国内政,妄图挑拨中国民族关系、遏制中国发展壮大。面对日益上升的外部风险挑战,铸牢中华民族共同体意识,推进中华民族共同体建设,成为一项十分重大而紧迫的战略任务。习近平总书记在学习贯彻党的二十大精神研讨班开班式上强调:“一个国家走向现代化,既要遵循现代化一般规律,更要符合本国实际,具有本国特色。中国式现代化既有各国现代化的共同特征,更有基于自己国情的鲜明特色。”中国式现代化是人口规模巨大的现代化,中国自古以来就是统一的多民族国家,有广大的民族地区和众多的民族,这是中国式现代化必须基于的国情特色。实现中国式现代化,必须全面贯彻落实以人民为中心的发展思想,以铸牢中华民族共同体意识为主线,不断加强和改进党的民族工作,把民族团结进步事业作为基础性事业抓紧抓好,不断为推进中国式现代化汇聚各民族共识,凝聚全民族合力。

基于此，本书在分析族群多样性、族际交往与社会信任关系的基础上勾勒了多元族群地区社会信任的建构逻辑，为明确提升多元族群地区社会信任的有利因素和消除不利因素提供政策参照，为凝聚社会共识以及铸牢中华民族共同体意识提供努力方向。

1.3 研究思路与研究内容

1.3.1 研究思路

个体、群体与社会之间的互动，或者行动者与社会结构之间的关系，构成了社会学研究的主体，这在结构决定论、符号互动论、个体建构论、结构二重性、形态发生论等理论中都有所体现[70-71]。詹姆斯·科尔曼(James S. Coleman)强调社会结构对行动者的影响、行动者于结构中的行动、行动者的行动形成系统行动，这一综合逻辑构成了社会学研究的基本思路，也是一幅宏观—微观—宏观的路线图[72]。林南也明确指出，社会结构及行动者的行动是社会学分析的要点，这既需要关注社会结构提供的机会和情景，又要把握行动者在社会结构中的具体行动策略，还要洞察与社会结构进行互动的行动对社会结构的改变和创造[73]。罗伯特·帕特南将置于社会结构中的制度体系视为影响社会信任关系、达成任务目标和重塑社会共识的重要工具[2]。这种个人与社会的辩证关系在于尔根·哈贝马斯(Jürgen Habermas)看来也是一种有关私人关系和公共讨论如何相互影响的重要考察，社会共识的达成，正是需要在交往对话的基础上化解冲突和形成令人信服的规范[74]。

本书正是基于社会结构论的理论视角，遵循社会结构与行动者之间的关系展开具体的分析：在日常生活场域中，由生活环境所形成的结构力量和由行动者能动性所形成的行动力量相互作用。社会结构影响和限制着个体行动，个体行动也会影响和改变社会结构。正如弗朗西斯·福山(Francis Fukuyama)所强调的,社会信任不只体现在文化价值方面,更重要的是,还具体体现在相应的社会结构、制度运行、群体组合的形式上[1]。具体到多元族群的生活场域中,具有社会性特征的社会信任的形成不仅与个体人格特征、受教育程度等微观因素相关,还与个体和其他个体或群体之间交往的中观因素有关,更与所在地区族群结构等宏观因素紧密相关。

因此,社会信任不仅受到具有社会结构特征的族群多样性的影响,还受到具有个体与社会互动特征的族际交往的塑造,最终以社会共识的形态反作用于社会结构。本书重点探讨族群多样性在影响社会信任的过程中所表现出来的具体效应,以及族际交往在族群多样性与社会信任之间的中介作用。即由于在社会结构中的居住环境的不同,族群多样性这一结构性特征,会对居住于不同社区的不同族群成员的族际交往意愿与族际交往能力产生不同的影响,这种影响会映射到不同族群的特殊信任和普遍信任之中。本书的基本结构和整体研究思路如图 1-1 所示。

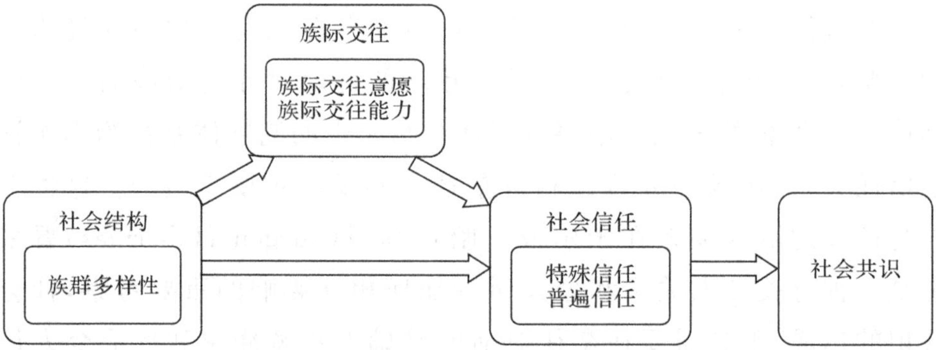

图 1-1　研究思路

需要特别说明的是,影响社会信任的结构机制应当是,族群多样性影响了不同族群的族际交往机制,族际交往机制进而影响社会信任程度(当然族际交往机制的具体影响既有可能是正向的,也有可能是负向的），在影响社会信任以后会继续影响社会共识的达成，对多元族群地区的社会治理构成了重要影响。本书重点关注族群多样性的影响结果，聚焦于其对不同族群的社会信任程度的影响，以及族际交往机制在其中的中介效应。其他环节的表现特征，将在以后的研究中逐步展开。

1.3.2 研究内容

本书的主要内容在于：在多元族群共存的中国社会，族群多样性对社会信任的直接影响是什么；族群多样性对族际交往的直接影响是什么；族际交往是否在族群多样性与社会信任之间发挥中介作用；族群多样性、族际交往与社会信任之间的作用关系在不同族群大类间是否存在差异；如何基于实证分析结果，对建构多元族群地区的社会信任提供切实有用的政策建议。具体而言，主要从以下几个方面进行剖析。

1.族群多样性对社会信任的直接影响

已有的有关族群多样性和社会信任关系的研究主要关注的是族群多样性对邻里信任或者人际信任等信任形式是否存在消极影响。本书将探讨中国社会中社区族群多样性对不同的社会信任形式（特殊信任和普遍信任）的影响效应，进而与罗伯特·帕特南等人有关族群多样性是否对社会信任产生削弱作用的讨论进行学术对话。

2.族群多样性对族际交往的直接影响

本书将在已有研究的基础上，从个体偏好和机会结构的理论视角，分别对整体及不同族群大类中族际交往的影响因素进行多层次回归分析，重点关注多族群背景中作为机会结构机制核心变量的族群多样性对族际交往的具体影响效应，分别探讨和对比族群多样性影响族际交往意愿和族际交往能力的具体效应，以及族群多样性影响族际交往意愿和族际交往能力的族群差异。

3.族群多样性、族际交往与社会信任的综合效应

相关研究证明,族群多样性对社会信任的消极影响可能会因为多样性背景中潜在的族际交往的中介作用而被削弱[16]。本书试图在鲁德·科普曼斯(Ruud Koopmans)与苏珊·法伊特(Susanne Veit)关于族际交往中介作用研究的基础上[48],研究与族际生活密切相关的主观族际交往意愿和客观族际交往能力在族群多样性与特殊信任之间的作用效应,在族群多样性与普遍信任之间的作用效应,以及族群多样性、族际交往(族际交往意愿和族际交往能力)与社会信任(特殊信任与普遍信任)之间的综合效应。

4.族群多样性、族际交往与社会信任在不同族群大类间的作用差异

相关研究证明,族群多样性与社会信任之间的关系在不同族群之间存在差异[9]。本书立足于中国多元族群的具体现实,不仅关注整体中不同社区的不同族群多样性程度对不同类型社会信任的影响,还关注这一影响在不同族群大类间的差异,以及不同的族际交往形态在不同族群大类中的作用差异。

5.建构多元族群地区社会信任的政策启示

在对族群多样性影响社会信任的基本效应、族群多样性影响族际交往的基本效应、族际交往在族群多样性与社会信任之间的中介效应进行具体的理论分析和实证分析的基础之上,本书试图探究建构多元族群地区社会信任的基本路径,为解决多元族群地区的社会信任问题,进而凝聚多元族群地区的社会共识提供一定的政策启示。

1.4 主要概念界定与章节安排

1.4.1 主要概念界定

为了更明确地展开以凝聚社会共识为目标的族群多样性、族际交往与社会信任关系的研究，以下需要首先对本书所涉及的几个核心概念，比如社会信任（具体分为特殊信任和普遍信任）、族群多样性、族际交往（具体分为族际交往意愿和族际交往能力）、社会共识，进行初步的概念界定。相关概念的具体测量，在第3章研究设计的变量测量部分会展开详细的论述。

1. 社会信任

"信任"一词，在《大辞海》中的基本意思是"相信而敢于托付"[75]，不仅意味着相信且不怀疑，而且意味着把重要的事情放心地托付于对方，还包括确定不确定事物的勇气[76]。就社会信任的内涵而言，心理学、经济学、管理学、社会学等学科从不同的视角对其进行了不同的理解。

心理学将社会信任看作是对情景的心理或行为反应，即个体的心理和行为来源于情景的刺激，而且情景的具体变化也会影响到心理或行为反应的具体变化。在心理学看来，社会信任的达成是一个心理过程，强调的是个体面临预期的损失有可能大于预期的得益，而且对结果不可预料时，所做出的一种非理性抉择[77]。心理学有关社会信任的研究是现代社会信任研究的起点，其主要以微观个体心理为基础，更多地从个体的心理、人格、行为的角度来关注社会信任的心理学范式。

经济学将社会信任界定为一种公共品德，视其为社会系统的重要润滑剂[1]，也是一种可以有效降低交易成本、提高经济效益的"理性计算"[78]。这一"理性计算"涉及对风险的规避、交易成本的减少、长期利益的权衡等。在经济学家看来，人类社会的经济活动建立在由社会信任形成的道德共同体的基础之上，如果缺乏这一道德共同体，经济活动的根基就会被动摇，社会活动的效益就会被削弱。

管理学视社会信任为一种有益于降低机会主义行为和提升治理效果的信心[79-80]，关注社会信任的行为层面，强调社会信任的缺失会降低员工的创造力等[81]。管理学对社会信任的探讨重点关注的是组织行为与社会信任的关系,这主要体现在对组织中社会信任动力的关注和社会信任原因的关注。从管理学的视角来看,社会信任不仅来自工具主义的理性选择,还来自非工具主义的信任动机。

社会学强调社会信任嵌入社会结构之中,关注制度、结构等社会性因素对社会信任的影响,将社会信任指向为对交往对象行为或社会秩序状况的一种信赖[26],指出社会信任的本质是社会成员在面对社会不确定性和复杂性增加时体现出的对自己依赖对象所维持的跨越时空性特征的信心[82]。

综合社会科学领域的基本观点来看,学者们对社会信任的基本内涵形成的普遍认同是,社会信任是人作为一种社会性动物,通过协调与合作活动来满足自身需求的本能需要。比如,安东尼·吉登斯(Anthony Giddens)从现代性的角度对信任的含义进行了解释,强调信任是对个人或系统的可依赖性、可信赖性所拥有的信念或信心[83]。莫顿·多伊奇(Morton Deutsch)将信任看作是人对情景的一种蕴含着期望和预测的反应[84]。大卫·刘易斯(David Lewis)和安德鲁·威格特(Andrew Weigert)将信任引申为人际信任,强调信任是人际交往关系中的理性和情感关联的产物[85]。史蒂文·柯拉尔(Steven C. Currall)和蒂莫西·贾奇(Timothy A. Judge)也将信任看作是人际关系理性计算和情感关联的产物,是个体在风险状况下对他人期望的行为出现的认知判断并以此做出的个人行为[86]。彼得·什托姆普卡(Piotr Sztompka)将信任看成是人们在社会活动领域中所具有的个体关系特质,这一关系特质也是一种可利用的文化资源[87]。马丁·塔尼斯(Martin Tanis)和汤姆·帕斯梅斯(Tom Postmes)强调,对双方关系的期望,决定了人们之间的信任行为[88]。但是在迭戈·甘贝塔(Diego Gambetta)看来,信任是一种个体对于潜在对手对其实施有利或无害行为概率的主观评价,即信任的核心在于对他人行为的不确定[89]。路易吉·圭索(Luigi Guiso)等人则强调信任是一种个体对其被欺骗概率的主观评价[90]。也有学者认为信任反映一个社会中有多少人期望大多数人在面临困境的情况下会采取合作行动,也是对他人是否会投机取巧地对待自己的行为的预期[5]。

以上学者对社会信任的概念界定不尽一致,所涉及的信任对象不仅存在一定差异,所蕴含的具体反应也存在一定差异,但是对社会信任的核心解读都涉及对协调与合作的期待。另外,考虑到人具有社会性,个体信任同时也是一种社会信任,“信任”与“社会信任”通常相互对等,“信任”一词在日常生活和学术研究中通常意味着“社会信任”[91],所以本书视社会信任为信任的主要形态,不对社会信任和信任进行区分和比较。对社会信任的理解主要沿用以上安东尼·吉登斯的信任思想,即社会信任是对个人或系统的可依赖性所持有的信心。这里的“可依赖性”蕴含着一种对协调与合作的具体期待,也是本书对社会信任的核心内容的理解。

就社会信任的类别而言,许多研究者根据自身的理解和研究对社会信任进行了不同的分类。比如,马克斯·韦伯(Max Weber)将社会信任分为特殊主义信任与普遍主义信任两种类型,前者指的是建立在家庭关系或者熟人关系基础上的亲密信任,后者指的是建立在信仰共同体或者团队共同体基础上的广泛信任[36]。在他看来,中国社会的信任主要是建立在亲戚关系或亲戚式纯粹个人关系基础上的特殊主义信任,是一种难以普遍化的信任体系。史蒂文·杜尔劳夫(Steven N. Durlauf)和马塞尔·法肯姆普斯(Marcel Fafchamps)将社会信任分为个体化信任和一般化信任两种类型。个体化信任主要强调的是对熟识之人的依赖,是一种通过多次重复的人际交往所产生的基本信任;一般化信任指向的是一种基于对象群体构成、动机、教养等一般性知识而形成的广泛信任[92]。尼可拉斯·卢曼(Niklas Luhmann)将社会信任分为制度信任和人际信任两种类型,制度信任强调的是人们对法律规范、制度规则、社会机构等方面的信任，人际信任强调的则是人们对人际关系中的他人的信任[93]。以上社会信任的二分类思想视社会信任为两种相互区别、相对独立的研究类型，后来的研究者对这一思想进行了广泛应用和深化拓展。在此基础上，伯纳德·巴伯(Bernard Barber)根据行动者预期的内容，将社会信任分为一般性信任、能力性信任和承认性信任三种类型。其中，一般性信任指的是行动者对广泛社会的一般性期望，即对自然秩序的维护和社会秩序的实现的信任；能力性信任指的是行动者对于他人能力的信任，具体包括对其胜任社会关系的能力和担任社会制度角色的能力；承认性信任指的是行动者对于所托付责任和义务能够被承认的信任[94]。以上的社会信任分类思想为本书的社会信任分类提供了重要的参考和思路。

本书主要参考马克斯·韦伯的社会信任思想将社会信任分为特殊信任和普遍信任两类，将特殊信任视为一种基于熟人关系而形成的信任，将普遍信任视为基于整体社会的制度、信仰、规范等特征而形成的信任。特殊信任与普遍信任相互区别、相互助益，在现代社会中都发挥着不可替代的作用。特殊信任能够为个体提供一定的情感安全感和心理归属感，普遍信任能够加强整体社会的包容精神和协作行为。特殊信任和普遍信任的缺乏都不利于个人与社会的协调发展。如果缺乏特殊信任，人们的情感需求得不到保障，会产生一系列心理、身体与社会的问题；如果缺乏普遍信任，整体社会处于相互猜忌和提防的状态，不利于协作互助，不利于经济社会发展，容易滋生贪污腐败、坑蒙拐骗、假冒伪劣等问题。

在中国社会，社会信任是包含人情、人伦、人缘的三位一体式差序格局[33,95-96]，社会信任按照家人、熟人、认识人、陌生人的规律而呈递减趋势[97-98]。考虑到中国社会对家人基本是一种非常信赖的状态，本书在后续的测量方面重点关注对家人之外的熟人、认识人、陌生人和整体社会的信任状况。

2. 族群多样性

族群多样性由文化多样性演化而来，是文化多样性的重要组成部分。就文化多样性的含义而言，2001 年联合国教科文组织发布了《世界文化多样性宣言》，强调“文化多样性指各群体和社会借以表现其文化的多种不同形式”[99]。该宣言指出文化多样性是人类社会进行交流互动、模仿学习、发明创造的重要源泉，如同生物多样性是生物世界维持基本平衡的必要因素，文化多样性也是人类社会必不可少的一部分。文明正是因多样而交流，因交流而互鉴，因互鉴而发展。总体来看，文化多样性的核心要义在于“美人之美、美美与共”，这是不同文明之间必备的交往态度和文化情怀。促进文化多样性的前提是承认所有少数族群和多数族群的文化差异性，使其得到同等尊重。

文化多样性的一个主要载体是族群的多样性。因为族群是划分人类社会的重要标志，自族群形成以来，文化往往以族群为纽带，而且随着全球化的不断发展和移民数量的不断增加，各国的族群种类和数量日益呈现出多元化的趋势。这一趋势对相关国家的经济、政治、文化等方面都产生了重要的影响，族群多样性因而成了一个备受关注的议题。

就“族群多样性”中“族群”的含义而言，学者们从不同的视角做出过不同的诠释。“ethnic”源自 15 世纪晚期的希腊语，经拉丁语演化为英语，指向的是异教徒等人员。20 世纪 60 年代以来，“ethnic group”是西方学术界广泛使用的一个基本概念，中国学术界将其翻译为“族群”并进行了广泛使用[100]，其主要表示具有语言、种族、文化和宗教特点的共同体[101]。西方学者马克斯·韦伯将族群看作是一种对共同的血统拥有主观信念的群体，这一信念是基于对共同体质、习俗或者记忆的认同[102]。与马克斯·韦伯所强调的“血统意识”所不同的是，弗雷德里克·巴斯(Fredrik Bath)所强调的族群更多是一种由“社会边界”所确立的认定范畴[103]。穆哈默德·哈达德则将族群理解为因文化和血统而形成的具有不同意识的群体[104]。国内学者或者将族群认定为一种社会群体,即对某些社会文化要素认同而自觉为我的一种社会实体[105];或者将族群认定为在较大的文化和社会体系中具有自身文化特质及体质特征的一种群体,其中最显著的特质就是这一群体的宗教、语言以及成员所具有的对共同起源的信仰与共同的群体身份感[106];或者认为族群是在较大的社会文化体系中,由于客观上具有共同的文化渊源和文化,因此主观上自我认同并被其他群体所区分的一群人[107]。虽然既有研究对族群这一术语从不同的角度进行了不同的理解和阐述,但是总体而言,在观点各异的基础上形成了一个基本的共识,那就是将族群理解为自己认定或被别人认定的具有共同世系和共同文化特征的人群[108]。从这一视角出发,族群是一种经由不同族群不断互动交流形成的群体归属划分,是参照"他族"形成的一种"我族"身份认同,这种身份认同并不是与生俱来的,而是在族际互动交流过程中对"本族群"和"异族群"、"我族群"和"他族群"、"族群内"和"族群外"、"族群边缘"和"族群核心"形成的基本认知和划分[103]。总之,尽管族群的定义不尽相同,但其核心指向的还是文化要素,即建立在文化认同基础上的一种文化共同体[101]。因此,本书主要将族群理解为多族群国家内部具有不同历史和文化传统的群体,重点关注文化视角的族群特征和族群差异。

就"族群多样性"中"多样性"的含义而言,多样性一般强调的是由不同的性别、族群、渊源、语言、宗教、教育背景、文化特征、身体状况和性趋向等特征所构成的社会群体,强调这些不同社会群体所具有的不同群体特征[109]。全球绝大多数(90%以上)的国家都是多族群、多语言、多宗教的国度,多样性是世界范围的普遍特点,并且在未来社会的不同地区还会不断增加。

族群多样性有狭义和广义之分。具体而言,族群多样性的狭义概念指向的是族群分化,即特定环境内的不同族群数量和规模的组成函数[110]。但是大多数有关族群多样性与社会信任的研究通用的是族群多样性的广义概念,即特定环境中族群构成的不同方面,包括族群多样性和族群分化本身,以及族群的集中或两极分化[111]。通常情况下,族群多样性存在于各种不同的社会环境中,比如工作场所、学校和群体组织,但更常体现于居住环境中,这也是大多数研究所关注的重点区域。当然居住环境可以包括城市、地区、国家等范围。族群多样性也可以理解为表现在语言、生活习惯等方面的表面差异,以及反映文化、信仰、价值观等方面的深层差异。族群多样性在个体形态上主要表现为体质差异(肤色、身材、相貌)、文化象征差异(语言、习俗、饮食、服饰)和心理差异(理性、智力、气质、品质),在社会形态上表现为地域、制度、组织上的分化。就族群多样性的测量和识别而言,不同研究具有不同的标准。有的主要关注的是身份认同,有的主要关注的是语言差异,有的主要关注的是宗教关联,其中,语言使用是一种常用的分类标准[28]。在具体的研究过程中,对族群多样性的测量,需要根据所研究的问题以及所研究的对象,确定一种最恰当的识别标准,必要时还要采用综合性的指标体系进行综合性的测量。

总之,就族群多样性的含义而言,不同研究因为不同的侧重点形成了丰富而迥异的讨论结果,同时也形成了共识性的理解,即族群多样性是各族群借以表现其文化差异的多样程度,这也是本书对族群多样性含义的主要理解。族群多样性不仅反映了表层的语言、习俗的差异,更反映了深层的文化差异。考虑到西方社会的族群多样性是在移民社会长期融合、同化的特殊条件下形成的基于种族渊源、宗教信仰、体质形态等方面的多样性,而中国社会的族群多样性是在56个族群相互交流、交往、融合的过程中形成的基于地域分布、语言文字、风俗习惯等方面的多样性,因此在具体测量方面,族群身份往往是测量族群多样性的核心指标,在此基础上的语言、宗教、认同等方面的多样性往往构成了测量族群多样性的重要次级指标。在后面的实证分析部分，本书主要用族群身份来测量和计算中国社会的族群多样性指数。

3. **族际交往**

作为人类社会特有的一种存在和活动方式，交往是人与人之间形成社会关系的主要途径，其主要是在物质交往的基础上形成的包括经济、政治、文化等交往内容的总和[112]。交往也可以理解为一种分享思想与情感、交流信息与观念、扩展通信与联络的活动。正是得益于社会性的交往活动，人类才能结成各种社会关系，形成形形色色的生活共同体，从而形成庞大的社会系统。

就社会交往的内容而言，社会交往主要包括经济贸易往来（经济相依程度）、语言文字互通（是否会说会写对方语言）、习俗礼节交流（服饰、饮食等方面的接受情况）、居住空间关系（是否同意邻居是其他族群）、婚姻关系（是否通婚）、宗教信仰（是否接受某族群的宗教文化）。这是国际移民研究考虑不同族群社会关系与距离的常用维度，即从外在的物质到社会关系，再到精神层面的文化价值或宗教信仰认同。这个思路对于研究不同族群之间的交往关系具有重要的借鉴意义。

族际交往是社会交往的一个重要方面。其核心含义是，族群交往主体、客体之间相互影响与相互作用的互动性活动[67]，象征着多族群背景下的一种亲密的社会互动，也是一种个体有意为之的自我选择（比如与邻居聊天）[41]。也可以说，族际交往是族群与族群之间的接触、交流和往来状态，是族群互动和族群关系的协调与整合过程，也是族群生存与发展的一种重要方式。具体而言，族群之间的交往既包括不同族群个体之间的交往，还包括不同族群群体之间的交往，以及个体与群体之间的交往。这一交往还可以称为族际交流、族际互动等，在一定程度上反映的是不同族群之间的关系状况与和谐程度。从族群的渊源来看，正是人们日常生活中的互动和交流创造了族群这一概念，在互动和交流的基础上形成的族群同时也在推进和重塑着日常生活中的交往内容和交往方式。所以，族群意识、族群认同、族群心理和族群边界都是在族群之间的交往和互动的过程中产生的，同时又不断地强化或弱化族群之间的交往和互动。

族际交往的内容涉及族群生存和发展所需的方方面面，既包括物质资料的生产，也包括精神资料的生产，还包括人类自身的生产(生命群体的延续)。也可以说，族际交往不仅涉及社会的物质文明，还涉及精神文明和政治文明。族群只有在纵向质的演进和横向量的扩展过程中，通过族际交往活动，来实现政治、经济、文化、社会方面的常态、异态或跳跃式的发展。具体而言，族际交往包括族际经济交往、族际政治交往、族际文化交往、族际社会交往等内容。

根据族际交往的基本含义和内容，测量族际交往的指标主要包括经济、政治、文化、生活方面的跨族群交往状态。其中，文化、生活方面的交往是最基本的交往指标。文化方面的交往主要涉及的是语言文字、风俗习惯等方面的交往，生活方面的交往主要涉及的是日常生活中与外族群邻居、朋友、同事、陌生人等进行的交往。

在现实生活中，主观的族际交往意愿是决定族际交往选择和程度的基本要素，客观的族际交往能力是决定和塑造族际交往状态的前提条件。已有研究主要关注了生活方面的族际交往形式(友谊、熟人、冲突等)对族际关系的改善和族际信任的建构所发挥的作用。本书在此基础上试图进一步探讨族际交往意愿和族际交往能力的具体作用。

族际交往意愿具体指向社会成员与其他族群成员进行交往的情愿程度，反映了交往主体对异族群的心理距离和真实情感[60]。其不仅会受到历史文化的影响，还会受到宗教信仰和生活习俗的影响，不仅影响着族群内部意识和认同的形成，而且决定着族际交往的深度和广度。族际交往意愿具体表现为，愿意与其他族群成员做朋友、做邻居、做同事、相互通婚等，对参与族际交往抱有积极的态度和期望。在多元族群共存的中国西部地区，建构社会信任的一项重要内容就是提高族际交往的意愿，缩小族际交往的心理距离，加强族际的对话和交流。

族际交往能力具体指向社会成员对与其他族群成员在日常生活中进行交往互动的适应程度[49]，反映了语言、习俗等方面的融入程度和状态。语言方面的交往能力是实现相互理解、通向共识和建构世界的重要途径，与语言交往能力相关联的理论是解释现代性成就和理论的前提；此外，还存在着诸如审美、习俗体验这样植根于经验的、符号性的、非语言性的交往能力，在日常生活和对话实践中发挥着重要作用[74]。基于此，本书重点探讨语言、习俗方面的族际交往能力在族群多样性和社会信任之间的作用机制，语言方面的交往能力具体指向的是不同族群在口语、听力、文字方面的交流与互动能力，习俗方面的族际交往能力具体指向的是不同族群在饮食、服饰、节庆、风俗方面的交流与互动能力。

4. 社会共识

中华民族自古以来非常关注人与人、人与社会之间所形成的"共识"状态。中华之"中"，一方面强调各元素（要素）的"互依关系"，另一方面强调"中与权之合"，即"亦偏亦倚与非偏非倚之合"[113]。中华民族传统文化注重和谐的"和合"思想，蕴含着丰富的求同存异、异中求同的"共识"智慧。

就共识的含义而言，"共识"（consensus）由"consens agreed"和"agreement"演化而来，指群体成员普遍同意的观点或决定，常被翻译成"普遍合意"或"一致意见"[114]。"共"在古代汉语中指一样、共同、总共，"识"即知道、认识、见识[115]。"共识"在现代社会通常意味着"共同的认识"[116]，强调的是群体内所有成员共有的对某事物大致一致的观点和看法[117]。

“共识”是不同学科领域研究的重要议题，在政治学、经济学、伦理学、法学、管理学和社会学等领域形成了不同的研究范式。政治学着眼于政治稳定，对共识的讨论坚持“正义”性原则，以期达到约翰·罗尔斯(John Rawls)所说的“重叠共识”[118]。当今社会政治主体多样，不同主体之间的政治利益与诉求差异较大。如果缺乏共识，政治领域就容易出现社会危机和社会动乱等问题，甚至在一定程度上还会引起社会体系的瓦解[119]。因此，只有坚持“正义”原则，通过对某些共有的政治观念和政治规则形成某种相似的政治判断，才能协调行动、稳定秩序、谋求发展[120]。

经济学强调经济社会的持续、均衡状态，对共识的讨论坚持“公平”性原则，以期在相互合作的基础上推动经济社会的发展与进步。经济活动正是建立在社会习惯和道德体系所形成的共识的基础之上的，即亚当·斯密(Adam Smith)所言的人类社会关怀他人的“共同情感”或“道德哲学”，其促使人性中既有自私，又有关怀他人利益、与他人合作的本能[121]。正是社会成员在同情、仁慈、慷慨等共识的基础上形成的合作性行为，实现了公共秩序的安宁、纪律作风的优良以及整体国家的繁荣发展。

法学侧重于国家建设，对共识的讨论坚持“自由”性原则，在提炼和总结社会共识的基础上，担当了调整和规范人性冲突的重任。法学研究的重点是社会共识与法律条文之间的契合点，也可称为“最低限度的社会共识”。一个国家的建设和管理归根结底依赖的并不是制度规范本身，而是在制度规范的基础上形成的普遍认知[122]。现实社会中各种问题的解决也需要通过法律来形成价值与规则方面的共识，规范个体与群体的行为，以此实现真正的和谐与自由[123]。所以，社会成员的个体性和意志自由性的实现依赖于共同体当中的共同价值或者社会共识。

管理学基于“公共性”的原则，强调对“公共价值”[124-126]的构建。

这一公共价值是寻求多元主体间的“最大公约数”，体现了各国公共管理者对实现社会价值建构基础上的绩效最大化的目标追求[127]。培育适应于现代市场经济和管理组织的社会共识体系，是中国实现可持续发展与进步必须直面的重大理论和现实议题。这需要通过重构“一”与“多”的关系，形塑价值、认知与行动方面的共识体系，以此来寻求始于公共传播、以优化公共政策为导向、旨在加强公共性良性循环的多元共识[128]。总之，管理伦理的规范基础正是来自通行且广泛的社会共识[129]，基于焦点事件而形成的共识机制有利于触发政策议程[130]。换言之，公共管理的核心内容在于关注社会共识，回应公众需求。

社会学重点关注的是社会的良性运行与协调发展的具体条件和机制[131]。因此，社会共识的社会学理论范式，关注社会秩序的协调，坚持“协作”性原则。在多元化的时代背景下，人与人、人与社会之间的协调与合作是指导社会基本结构设计的根本原则，也是社会共识的核心内容[132]。这种对美好社会的思考就是费孝通先生所强调的群体社会的行为准则和价值体系——“各美其美、美人之美、美美与共”[133]。这种社会共识的理念，从“社会意识”的视角来看，可以理解为一种在理想信念、价值判断、情感体验等方面的共同意识[134]；或者从“社会心态”的视角理解为社会成员共同认可、同意接受、愿意遵循的一种价值选择和社会规范[135]。社会长久以来的自由安宁诉诸这种合作的共识形式，也是一种“和而不同”的共识体系。

尽管上述共识的研究范式各有特点，但对共识的理解并不存在根本性的差异。以协调合作来解决多元化问题，实现个体、群体之间的理解与包容，这是社会科学研究领域的一定共识。本书因此将社会共识理解为生活在一定时代和地域的社会成员，在协调个人与社会利益的过程中，对协调与合作形成的共同认识。这种共同认识以“协作”为核心，具体包含三个层次：一是价值层次，指不同利益取向的人们在价值选择方面愿意通过协作来寻求共赢；二是规则层次，指社会成员对促成协作的规范、制度、法律的一致认可；三是行为层次，指社会成员在行为方面能够践行协作价值和规则。因此，社会共识渗透在经济、政治、文化、社会、生态领域的方方面面，形塑了社会生活的基本形态。也就是说，社会共识不仅仅是一种价值或文化形态，而是蕴含经济、文化与制度体系，以协作为核心的综合形态。总之，社会共识意味着中华民族范围内的不同族群对通过相互协作来协调利益、解决冲突、维护秩序所形成的基本共识。具体而言，社会成员之间的协作互助是多元族群社会的不同族群实现和睦共处、共同繁荣的基本要求，这一协作互助不仅影响到信息、资源、技术等方面的协调，还影响到资源分配、目标实现、合作互助的效率，更影响到多元族群社会的良性运行和协调发展。

1.4.2 章节安排

本书共有 7 章。其中，第 1 章、第 2 章、第 3 章分别是绪论、文献回顾和研究设计；第 4 章、第 5 章和第 6 章为经验研究部分，每一章具体包括研究问题的提出、文献综述、统计分析结果，以及对本章内容的基本总结；第 7 章具体总结了研究的发现，以及政策建议、创新之处和不足之处。图 1-2 展示了各章的基本内容和具体安排。

第 1 章，绪论。本章主要介绍选择族群多样性影响社会信任的效应及机制这一研究主题的原因，研究所具有的学术价值和现实意义，对研究的整体思路、主要内容和结构安排进行基本交代，对所涉及的主要概念进行基本界定。

第 2 章，文献回顾。第一，综述有关社会信任影响社会共识的研究；第二，梳理有关社会信任的影响因素的研究；第三，对族群多样性影响社会信任的相关研究进行基本回顾；第四，对族际交往影响社会信任的相关研究进行基本梳理；第五，总结已有研究并提出可进一步扩展的空间。

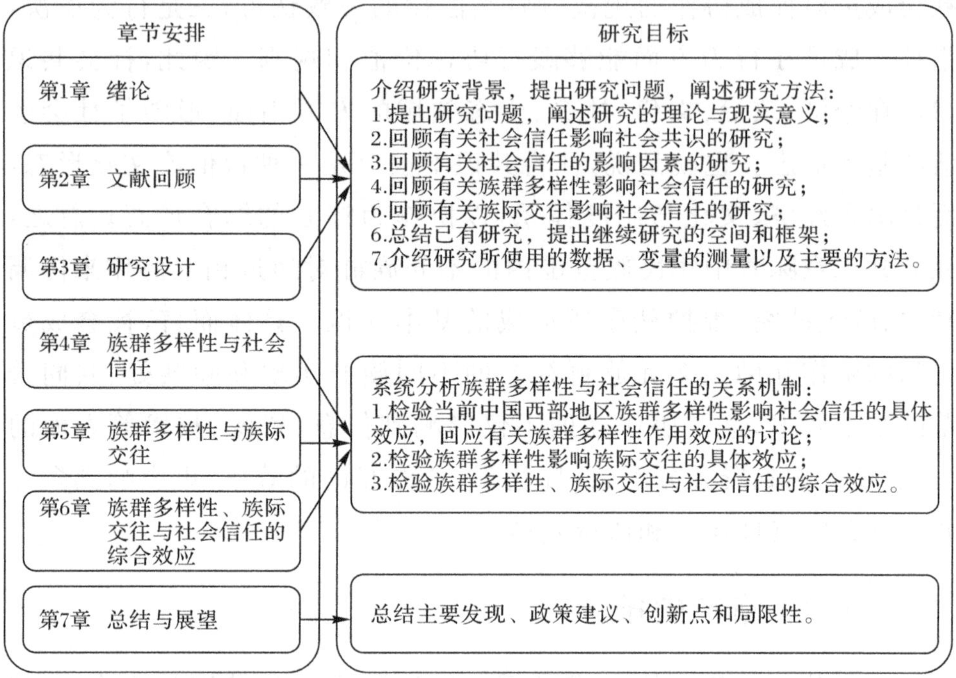

图 1－2 章节安排

第 3 章，研究设计。本章在总结已有研究的基础之上，提出进一步扩展的空间和具体的研究框架，分析在中国多元族群的场域内引入族际交往机制的理论依据和现实意义。为了对既有的研究问题进行更具体、深入的探讨和检验，本书基于大型调查数据，运用相关的统计分析方法进行实证分析，以此来回答中国社会的族群多样性如何影响社会信任以及影响的具体机制是什么。本章对实证分析所能用的数据、所涉及的变量、所分析的统计方法进行具体的解释。

第 4 章，族群多样性与社会信任。本章主要运用多层次混合效应线性回归模型（MMLRM）探讨中国社会的社区族群多样性对特殊信任和普遍信任的具体影响效应，从而和罗伯特・帕特南等人关于族群多样性是否削弱社会信任的讨论进行对话。

第 5 章，族群多样性与族际交往。本章检验族群多样性背景下影响社会信任的关键因素——族际交往——的影响因素，重点运用多层次混合效应线性回归模型探析族群多样性对族际交往意愿和族际交往能力的影响，提供促进族际交往和提升社会信任的参考，为下一章的综合效应分析做好铺垫。

第6章，族群多样性、族际交往与社会信任的综合效应。首先，针对族际交往的中介作用、中介作用的群体差异进行文献回顾和梳理；其次，运用有代表性的综合调查数据，使用多层次一般化结构方程模型(MLGSEM)进行实证分析，揭示族群多样性、族际交往与社会信任的数理结构关系，并展示这些结构关系在不同族群间的差异；最后，对研究结果进行总结与讨论。

第7章，总结与展望。在前面章节的理论分析和实证检验的基础上，本章对研究的主要发现进行总结，解释这些主要发现所蕴含的现实意义，阐述建构多元族群地区社会信任的具体政策建议。另外，总结研究的主要创新之处、研究的不足之处以及下一步研究可扩展的具体方向和现实空间。

第2章

文献回顾

社会信任是实现社会团结和社会秩序的重要机制，是公共生活领域中的重要整合力量。自格奥尔格·齐美尔（Georg Simmel）通过货币信任分析强调社会信任对社会的团结与发展发挥着至关重要的作用以来[136]，社会信任逐渐成为社会科学研究领域中的一个中心问题。近二十年来，不同学者相继从不同视角对社会信任展开了热烈讨论，形成了丰富的研究成果。

本章重点对有关族群多样性、族际交往与社会信任之间关系以及社会信任与社会共识之间关系的研究进行梳理和总结，并依此提出进一步扩展的空间。第一，梳理有关社会信任影响社会共识的研究；第二，总结有关社会信任的影响因素的研究；第三，整理有关族群多样性影响社会信任的研究；第四，归纳有关族际交往影响社会信任的研究；第五，在总结已有的相关研究的基础上，提出当前研究的一些不足之处以及可以进一步拓展的研究空间。

2.1 社会信任与社会共识

“社会秩序何以可能”是自古以来的一项重要议题，不同学者从不同的理论和实践视角孜孜不倦地探寻过整体社会得以良性运行与协调发展的答案。对这一答案的追寻必然涉及对以建构社会信任为基础的社会共识的关注。

2.1.1　古典研究

奥古斯特·孔德(August Comte)视社会为一种基于利益的分工协作体系,强调精神上的协调与统一是构建和谐社会的基础,探寻基本准则的稳定是思考社会秩序问题的出发点[137]。他认为,是道德的退化导致了秩序的混乱,必须通过重构道德秩序来复兴人类的文明。对道德秩序的重构必然涉及对以合作为核心的社会信任的建构,对历史的重新建构也可以说是对有关社会共识的基础的探讨。他不仅研究社会的静态共识,并且从时间维度关注秩序与进步、稳定与变化之间的动态平衡共识。在他看来,人类社会秩序的建构需要在社会信任的基础上实现社会机体之间的协调与平衡——也可称为社会共识的凝聚,这是推动人类社会进步的基本动力。

埃米尔·涂尔干(Émile Durkheim)将"集体意识"或者"共同意识"看作是将社会成员有机团结起来的纽带。他试图从社会与个人的关系角度解答"一群人怎样才能组成一个社会"的问题,并从中探寻社会团结的结构与性质。他继承孔德的思想,提出"集体意识"的概念,即"一般社会成员平均共有的信仰和情感的总和"[138],其客观地存在于机械团结社会和有机团结社会,以或强或弱的力量发挥着团结社会的功能。在他看来,不论是在机械团结社会还是在有机团结社会,社会整合和社会秩序正是来自行动者"各为其用,各尽所能"的协作共识。在原有社会道德丧失影响力的现代社会,必须建立新的道德和信仰体系,才能使得"每个人获得应有的地位,获得与其付出相应的报酬,所有人都能自然而然地进行协作,造福于社会也造福于个人"[139]。埃米尔·涂尔干所强调的团体精神在现代社会发挥着重要作用,这一有关契约中的非契约因素思想构成了后来学者们对社会信任进行研究的立论基础。

马克斯·韦伯强调资本主义是由理性世俗化的社会精神气质所产生的一系列特定行动的结果,并赋予其"资本主义精神"之名[140]。这一资本主义精神不仅仅是一种工作伦理,还是一种蕴含着节俭、理性、专注、创新、信任等特质的共识力量。在他看来,现代市场经济,或者说资本主义经济所需要的伦理元素,只能成长于西方的基督教文化,而东方文化不具有生成经济伦理元素的可能[36]。他将这归因于基督教文化对家庭外的信任与合作的文化培育(比如,契约精神),而儒家文化注重的是一种以家庭为圭臬的信任文化(比如,出门在外需要谨记"瓜田不纳履,李下不整冠"),这种基于不同传统文化塑造的不同信任气质会影响到经济伦理的发展。韦伯的社会信任思想引发了大量有关社会信任文化与功能的辩论。

格奥尔格·齐美尔关注的主要议题是对人们在交往互动过程中形成协调与统一的原因进行解释,以此对"社会是如何成为可能"这一问题进行了探讨和解析。他将社会合作看作是社会交往的重要形式之一,两人群体的生存取决于合作,多人群体的维系则依赖于制度化基础上的社会合作。他因此从独特的文化视角分析了货币的经济后果和社会后果。货币一方面在人们的日常生活中发挥着物质性的功能,另一方面决定了人类社会的价值走向,货币以及货币的制度化影响了现代社会的文化生活。作为一种不可或缺的符号,成熟的有关货币的共识是现代文化最基本的特点和现代性的着落点,带来了重要的文化后果和社会影响。货币意味着一种社会关系的表征和载体,正是与货币的紧密关系使得人们自身需求的满足来源于人与人之间的相互信赖或依赖[136]。货币不仅是社会信任的一种象征符号,也是社会共识的物化形式。这种一般性符号体系所形成的社会共识,对现代工业社会产生了重要影响。

2.1.2 现代研究

塔尔科特·帕森斯(Talcott Parsons)以回答社会秩序问题为出发点建立了社会行动理论,开创了社会系统论与功能分析范式,从系统性的功能主义视角对社会秩序做出了新的解释。他强调社会是一类社会系统,在所有社会系统中,社会在系统与环境的关系方面具有最高的自足性。在这个过程中,他强调价值和规范的重要性,认为社会成员基于共有的规范准则和价值观念形成的价值体系关系到整体社会的和谐与秩序。作为一种约定的结果,社会信任决定了社会的基本状况,社会自足和变迁的动力正是来自社会信任。对这一"共同价值体系"的内化增进了行动者之间的依赖与合作,决定了社会行为和社会秩序。现代社会的重要标志就是在容纳价值普遍化的基础上形成社会共识,或者将某些集体的规则和价值取向转变为社会共识。只有社会成员在社会化的过程中习得和内化"共同价值体系",以此形成社会共识,整体社会才不会陷入斗争和失范的状态,才能使社会秩序得以维护和协调[141]。

乔治·赫伯特·米德(George Herbert Mead)关注人类从非社会性生物转化为社会性生物的发展过程,认为人类适应社会环境的"人类性"即个人融入或习得社会共识,是人类生存和发展的重要条件。他将人类社会假设为基于利益寻求协作和延续协作共识的过程。在这个过程中,人只有通过不断适应和调整,获得使用语言、展示思想、参与社会的"人类性"的能力,才能形成与社会共识相匹配的社会性特征。对这些有意义的符号的理解和接受形成了社会信任并产生了社会协作,社会制度和社会结构才得以产生。对协作形成的共识及协作共识的不断调适实现了社会控制,延续了社会制度,推动了社会变迁。其中,基于社会信任基础形成的社会共识,还是建立自我意识与实现人际交往的基础。比如,点头意味肯定,摇头意味否定。这些有共识意义的符号构成了语言信任的基础[142]，也构成了社会互动的源泉。

赫伯特·布鲁默(Herbert Blumer)认为由互动符号解释和确定的人际互动构造了行动的意义[141]。对于同一社会的成员来说，正是通过对所生活情境的理解与定义的信任，社会成员之间的互动共识才成为可能。也就是说，只有当人们对定义产生了信任时，社会才会出现协调与有组织的行为；如果对相关定义产生了分化，人们的行为就会出现不协调的状态，阻碍了有组织的集体行为。社会组织、社会制度、社会结构因为影响了人们的情境认知而影响了人们的行为。首先，人类的行为主要来源于对事物意义的理解；其次，人们对于事物的态度总是受到他人的影响(社会信任的形成)；再次，人们对于事物意义的理解是随时间的推移而不断修正变化的(社会共识的形成)。人类社会共同行动的前提就在于行动参与者对相互协作与信任能形成共识并对其进行实践。

2.1.3 当代研究

在于尔根·哈贝马斯看来，社会关系的基本原则在于，任何规范有效性和政治影响力的实现，都有赖于在非强制性交往中达成共识[74]。多元社会何以形成一种理性认同？只有在交往中通过时间论证，达成普遍的、非强制的、有根据的、可信任的共识，才能形成认同的事实和规范。只有在沟通行动的框架之下，通过自由、平等的交流和对话，形成理解与宽容的“价值共识”，才能解决现代社会中的形式合理性和目的合理性相互矛盾的问题，从而走出社会理性化的困境。沟通行动得以实现的可能在于，人类具有在相互沟通和相互协作的基础上处理人与人、群体与群体之间矛盾和冲突的愿望，有通过平等对话放下武器和其他强制力、寻求主体间行动的协调与合作的诉求。解决人类生活世界的困境和殖民化问题的重要途径在于，形成理性与合理的沟通渠道，通过协商对话来解决纠纷、达成共识。也可以说，社会的团结与共识来自经过时间积累的交往互动所形成的社会信任状态。

罗伯特·帕特南强调社会信任是社会资本必不可少的重要组成部分，社会信任的形成有利于社会稳定和社会参与，有利于形成以公共精神为核心的公民共同体[143]。他以意大利为例，论证了意大利北部的社会稳定、工农业改革、社会服务状况好于南部的原因在于，北部地区的社会信任与合作程度高于南部，在此基础上构建了良好的社会资本。在他看来，这种以社会信任为核心的社会资本会影响到地区与国家的合作互惠效率、生活满意度、身体健康状态、经济发展速度，以及整体社会的繁荣与昌盛程度。所以，建立一个更具有公共精神的社会共同体应当成为现代社会努力的方向[2]。

弗朗西斯·福山强调一个社会的信任程度是影响其经济社会发展的重要因素[1]。在他看来，正是个人追求私利的行为创造了社会财富，成就了公共的繁荣与福祉。但是仅凭对个人利益的追求并不足以成就现代资本主义经济。经济的繁荣昌盛，还依赖于人们之间的共同工作，以及高效的合作。在这个过程中，以信任为核心的文化因素发挥着至关重要的作用，但是信任又不仅仅是一种文化因素，更为重要的是体现和表达着相应的社会结构的具体形态。目前世界各国发展速度、程度的差异在很大程度上来源于各国内部公民之间的社会信任状态。也就是说，现代社会的稳定与繁荣，需要的不仅仅是法律、契约与经济理性，还需要在互惠、合作、道德、责任的基础上所形成的社会信任，以此才能确保多元社会的繁荣稳定。

阿瑟·亨德森·史密斯(Arthur Henderson Smith)就中国人的特质指出，传统社会的中国人之间相互猜忌、相互不信任，现代社会的中国迫切需要一种时代精神来优化进步[144]。在他看来，喜爱和平、吃苦耐劳、勤奋节俭、注重教育、生命力顽强等是中国人自古以来的优良品质，但是中国人的信任主要局限于熟人或熟人式的关系之中，甚至在熟人之间精于算计的事件也会时有发生。或者说，中国社会不缺乏智慧、不缺乏忍耐、不缺乏务实、不缺乏乐天，缺乏的是一种以更广泛意义的信任为基础的公共精神。如果加持以更广泛意义上的诚实与信任（在熟人信任的基础上提高对陌生人或对整体社会的信任程度），即形成一种以合作为核心的时代精神（凝聚起以社会信任为基础的社会共识），整体中华民族的个人与社会都会获得无与伦比的回报和发展。

戈登·雷丁（Gordon Redding）通过探讨海外华人的资本主义精神指出，传统中国社会的家族主义文化意识浓厚，存在一种强烈的家族内部信任倾向[145]。这种家庭式的信任关系在一定程度上凝聚了企业的人心，增强了企业的实力，加强了相近企业的合作，加速了企业的发展，但同时也在一定程度限制了企业更长远的发展。所以，在扩大信任范围的基础上凝聚和汇集更广泛的企业合作力量，是谋求更高程度、更长远发展的重要内容。

此外，还有其他学者研究了社会信任与社会团结或社会共识的关系，强调以社会信任为核心的社会资本可以有效地促进社会成员之间的沟通与合作，减少摩擦与冲突，改善社会关系，加强社会团结[6]。作为社会资本的核心要素，社会信任在契约不完备或存在潜在的不道德行为的情况下，发挥着重要的调节作用[146-147]。作为法律制度、市场化水平之间的补充物，社会信任有利于降低交易成本和促进协作互助[4,148-149]，对地区的经济发展水平和企业行为产生重要影响[5,8,150-151]。尤其在群体交往的过程中，社会信任作为一种中介机制影响到群体之间的团结互助、相互协作与互惠互利的程度[152-153]，影响着人们相互和解的意愿[154]，影响着公众的风险感知程度[155]，是决定群体关系融洽程度的最重要的因素之一[156]。尤其在群体冲突过程中，对外群体的信任程度越高，其相应的宽恕情绪越强[157]。在一些农村地区，社会信任程度的提高还有助于降低土地租金[158]。总结而言，社会信任有利于加强个体健康[159]、提高教育质量[160]、降低犯罪率[161]、增加社会福利[162]、防治腐败[163]、改善法制[4]、促进经济繁荣等[164]，建构社会信任的过程耗时很长，但是从长远来看，相应的社会效益会很大[92]。也就是说，社会信任不仅塑造了群体之间的关系，还决定了整体社会的团结与共识状况。

以上研究充分说明，形成和发展广泛的社会共识是当下中国乃至整体人类社会关注的重要议题，而社会共识的凝聚首先需要建构广泛的社会信任体系，提高整体社会的信任程度。社会信任程度的高低成为决定社会与经济发展程度的重要因素。只有在相互协作的基础上形成相互信赖的社会关系，社会交往的成本才会降低，社会合作的效率才会提高，社会认同的程度才会加强，社会发展的质量才会优化。所以，探讨社会共识凝聚问题的前提是对形成社会信任的原理和机制进行挖掘，以下展开对影响社会信任形成与发展因素的相关研究的梳理。

2.2 社会信任的影响因素

自20世纪80年代末以来，涉及社会信任的一些基本理论问题（如社会信任的规律性、社会信任的变迁及影响等）和有关中国市场转型与社会信任的讨论进入了中国学界，并在国内外引起了大量有关中国社会信任形态的理论和经验研究。学者们从不同的理论视角对社会信任的内在机制进行了解释，主要有价值规范论、社会资本论、理性选择论、技术决定论等。以下主要从三个方面来归纳社会信任的影响因素：个人因素影响论、社区因素影响论与社会因素影响论[37,165]。

2.2.1 个人因素影响论

在个人因素影响论看来，社会信任是一种既受到个人主观评价塑造，又受到个人客观特征限定的社会形态。具体而言，塑造和限定社会信任的个人因素主要包括以下几个方面。

1. **价值规范论**

在价值规范论看来，社会信任的起源是人类本能与协作进化的结果。这是因为，人类的本能是实现自身的长远利益，长远利益的实现需要与其他社会成员相互协作，唯有相互信任才能实现这一目标[166]。在社会生活的过程中，只有自利性与利他性有机地结合起来，才能实现自我利益和长远利益的有机结合。基于社会信任基础的互助互惠增加了生存发展和基因复制的概率。

所以，价值的相似可以产生信任[167-168]，即正是对道德规范或规则制度形成的共同价值观催生了信任。尤其是当人们面对那些因为风险知觉和利益知觉未知而无法做出判断的事情时，往往会选择信任那些和自己具有同样价值观的人们。这说明社会信任来源于不同交往主体对于不同制度规范的共同认知，这也是一种内化了的共同价值体系[169]。社会成员之间的相互信任意味着人们之间共有的价值体系的形成，正是以此形成了整体社会的团结。所以造成社会信任差异的一个主要原因在于人们的价值差异，这一差异来源于人们对现存的制度规范的理解和认可程度的差异。这会涉及更广泛的群体信任判断，比如共同宗教群体或者拥有共同价值规范的社会团体，由于其共有的宗教信仰或价值规范使群体内部相互信任的程度更高，而对价值相异的群体外部的信任程度则相应更低。

2. **人格决定论**

人格决定论强调，社会中各种不确定性的存在，需要人们相互之间结成稳定而牢固的依恋关系。在依恋关系相对稳固的情形下，社会确定性大于不确定性，从依恋关系外的非依恋关系所能获得的资源越少；而在依恋关系相对不稳定的时候，社会不确定性大于确定性，这些依恋关系不稳定的人们（社会信任程度高的人们/具有高社会信任人格特征的人们），最容易脱离原来的依恋对象，获得更多资源从而取得成功[170]。这一理论说明基于人格特征的信任形态不仅可以用来防御,还可以用来扩展社会关系。

被信任者所具有的人格特征决定了他人对其的信任程度。约翰·巴特勒(John K. Butler)的研究证明了,能力、公平、正直、忠诚、开放、可信、守诺、接受性、有效性、持续性共十个人格因素与社会信任密切相关[171];默里·克拉克(Murray C. Clark)与罗伊·佩恩(Roy L. Payne)将能力、真诚、公平、开放性看作是与社会信任密切相关的人格因素[172];罗杰·梅耶(Roger C. Mayer)等人则将能力、仁慈、正直视为社会信任的三个关键维度[173];还有其他学者将公正性视为社会信任的核心[174],或者将诚实视为社会信任的核心[175]。另外,不同角色关系对社会信任的人格特质的要求是不一样的。比如,上司对下属的信任主要来源于下属的忠诚和才能以及上司与下属的关系,而下属对上司的信任主要来源于上司的善良和正直[176]。此外,人们还关注到情绪、社会比较等因素对社会信任的影响。比如,幸福和感激等积极情绪会提高社会信任度,而愤怒、生气等消极情绪则会降低社会信任度[177];那些认为自己可以和更好的人一样好的人们的社会信任程度更高,而那些认为自己可以比更差的人做得更好的人们的社会信任程度更低[178];那些经常回忆父母养育之恩的大学生的社会信任程度相对更高,而那些经常回忆父母拒绝之事的大学生的社会信任程度相对更低[179]。但是,当人们无法准确判断对方的人格特征时,人格特征对社会信任的作用空间就会非常有限。

3. 经济决定论

在人类社会发展的历程中,经济的现状与进步往往也会影响到社会信任的程度。这主要涉及由高经济水平所带来的广泛资源、高度安全感和高抗风险能力对社会信任的积极提升作用,以及低经济水平所带来的相对威胁感、被剥夺感、不公平感对社会信任的消极降低作用。

比如，张维迎和柯容住的研究发现，人均收入越高的人群，其社会信任程度往往越高，人均收入越低的人群，其社会信任程度往往越低[180]。与经济状况密切相关的其他因素，比如，年龄越大、男性、单身、收入来源丰富、担任管理职务、职业稳定、对生活或工作满意度越高的居民，社会信任水平相对更高[165]。尤其与经济状况密切相关的社会地位更是预测邻里关系的一项重要指标[181]。与社会地位相关的受教育程度、收入水平、年龄增长等因素也都会显著地提高社会信任程度[37]。另外，工作年限在一定程度上提高了社会信任程度，而通勤时间、移民、失业、离婚、丧偶等痛苦的经历则在一定程度上降低了社会信任程度[14]。综合而言，社会信任的形成不仅与人们参与社会活动和社交网络的社会联系密切相关，也与人们的社会经济地位联系在一起。与社会经济地位相关联的影响社会信任的因素主要涉及人们的受教育程度、职业阶层、收入水平等。

4. **社会资本论**

社会资本理论指出，社会资本状况关联于宗教、历史、文化基础上的社会信任程度，这会影响到所在地的企业规模和经济竞争力[1]。这一理论视角强调社会资本建立在团队的道德情操基础上，这种道德情操就涉及传统文化的具体特征，所以可以透过一个国家的文化特征了解到该国的社会信任程度和国际竞争力。也可以说，正是团体共有的道德规范状况决定了社会资本的形成状态，从而影响到整体社会的信任程度和对外的竞争力。

在经济社会学家和新经济学家看来，社会信任的基础来自“网络嵌入”，也正是这一受到嵌入理论影响的社会信任形式决定了经济秩序。仅仅通过制度或道德所维持的经济秩序容易陷入“过度社会化”的麻烦，所以在现实的经济社会中，社会信任的形成和发展并不仅仅仰仗于普遍意义上的制度或道德秩序。经济行为者嵌入在具体人际关系网络中的社会信任感，在一定程度上有效地阻止了破坏与欺诈行为，维持了经济秩序。罗伯特·帕特南的研究指出，社会资本具有联结、规范和信任的作用，能有效地促进相互间的合作、提升公共信任[182]，所在地区的社会资本状况是促进地区经济发展和社会治理的基础要素[2]。这一研究引起了人们对社会资本与社会信任关系的广泛关注和热烈讨论。学者们从不同视角研究了与社会资本对应的人际信任对政府信任的影响[183-184]。一般情况下，不论是正式社会资本，还是非正式社会资本，都会对社会信任产生着重要影响[185]；缺乏社会资本会带来政府信任程度下降等问题[186]。在中国社会转型对人际信任冲击的背景下，“杀熟”现象正是基于社会转型的流动性、异质性、松散性特征而导致的关系网对个人约束力降低的结果[187]；以拜年网为核心的社会资本有助于提升特殊信任程度，而以饭局网为核心的社会资本则在一定意义上降低制度信任程度，与此相反，以职业网为核心的社会资本则有助于提升制度信任程度[188]；个体层面的社会资本有助于提升城市居民的政府信任，但是区域性社会资本对政府信任的提升作用不明显[189]；社会资本和政府绩效对城市居民政府信任的影响是积极正面的[34]；“弱关系”对“强信任”发挥着重要作用，并最终推动和局限了人口流动[33]。以上研究说明，行为者在社会关系网络中的嵌入在一定程度上塑造了社会信任。

梳理以上研究可以看出，社会信任的个人因素影响论主要强调的是社会成员的客观背景和个性特点如何作用于社会信任。与客观背景相关的因素涉及社会成员的性别、年龄、婚姻、受教育程度、收入水平、职业地位、健康状况、宗教信仰、社会网络等特质。与个性特点相关的因素涉及社会成员的价值观、幸福感、自我控制感、正义感等。这些个体层次的影响因素构成了社会信任的基础，决定了社会信任的基本方向。但是，仅有个体层次的影响是远远不够的，这些基于个体层次特点形成的社会信任还会受到中观层次的社区和宏观层次的社会的共同塑造。

2.2.2 社区因素影响论

社区因素影响论强调社区环境不仅在塑造公民价值取向方面发挥着重要作用,而且社区互动环境也是形成和发展社会信任的重要场域。社会信任主要基于个人对其所属社区的参照群体的认识,这一效应主要经由社区的客观特点和社区成员对社区的主观看法两部分的影响而成。社区的客观特点主要表现为社区的异质程度、稳定状况、和谐水平等特质,社区成员对社区的主观看法主要指向的是社区成员的社区满意度。

1. 社区异质论

社区的异质性体现在社区人口在收入、语言、族群等方面的构成和分布状况。一般情况下,社区的异质性程度越低,居民之间的相似程度越高,居民之间的信任程度相对越高。与之相反,社区内的异质性程度越高,意味着社区成员遇见与自己不相似成员的概率越高,由于交往过程中“相似性倾向”的影响,社区的信任程度相应会更低。相关研究证明,社会信任具有基于阶层和区域差异所形成的结构性差异化特征[190];社区内种族差异程度越高,社区居民的社会信任程度越低[37];社区内的族群多样性是影响社会信任程度的重要因素[9]。有关族群多样性对社会信任影响的研究后面会详细梳理。

2. 社区稳定论

社区的稳定性体现在社区居民的流动程度,其直接影响到社区居民的熟悉性、安全感,以及与之相应的社会信任程度。相对而言,人们会更加信任那些与他们有较长交往时间的人们。那些居住在出生的城市,与当地居民具有长期交往经验,具有未来长期交往预期的人们的社会信任程度相对更高[163]。社区中不同的文化背景会增加群体之间的误解与冲突而降低社会信任程度[191],相应的社区社会资本和政府绩效有助于提升居民的社会信任程度[34]。另外,农村劳动力流动率也会影响到人们的社会信任程度，所在地的收入差距与市场化程度也会影响到居民的社会信任程度[192]。通常情况下，社区的无序状态往往会涉及低经济地位、高居住流动性、高犯罪率等社区结构特征，其在很大程度上会降低社会信任程度。

3. 社区和谐论

社区的和谐性主要体现为社区居民之间的互帮互助程度，以及社区居民对街道办、居委会在日常生活中的责任心、热心度、专业性的信赖程度。一般情况下，社区居民可获取邻里、街道办、居委会的帮助的可能性越大，其风险承受能力越强，社区归属感相应越强，社会信任程度相应更高。相对而言，曾经在困难时期得到过所在社区居民或者居委会的帮助、在当地居住时间越长、18 岁之前就居住在当地或者出生在当地的居民的社会信任程度相对更高[165]。另外，个人的社会信任程度还会与社区内的其他居民的社会信任程度存在“同群效应”[193]。即社区意识和邻里信任是各种互动的结果，非正式的社会网络，特别是睦邻关系，往往比正式的公民参与更能促进社会信任[194]。这说明，社区的和谐程度越高，社区成员的社会信任程度相应更高，这还会影响到其他社区成员的社会信任程度，从而形成一种社会信任的良性循环。

4. 社区满意论

一般情况下，居民对社区的满意程度越高，也就是主观评价越高，社会信任程度相应越高。比如，社区的经济状况[14]、基础设施完善程度[5,8]、公共资源供给状况[35]会影响到社区成员的社会信任程度。另外，还有研究发现，社区内的收入差距程度越高，社区居民的社会信任程度相应越低，而且经济不平等对社会信任的影响更大[183]。公共资源供给不足尤其会严重削弱社会信任程度，且这一效应在弱势群体中表现得尤为突出[35]。还有研究认为所在地区的市场化水平通过破坏人们对人性的乐观预期而降低了社会信任程度[195]，也有研究认为市场化水平对公共信任的影响则是既降低又提升的U形模式[192]。一项针对波兰社会的经济转型对公共信任的影响研究也发现，公共信任随着地区经济的转型呈现出既降低又提升的U形趋势[87]。还有研究发现，在中国农村地区，第一书记的领导力有利于重建村庄的信任和权威结构，从而有利于提升农村的公共治理水平[196]。以上研究总体说明，基于社区公共资源的高供给状态、社区收入差距的缩小、基础设施完善、邻里关系和睦、社区领导力等特征形成的社区满意度会影响到社会信任的形成状态。

社会信任的社区因素影响论主要关注的是社区层次的客观特点和主观评价对社会信任的影响作用。其主要指向的是基于社区异质性、稳定性、和谐性和满意度所形成的社区居民的安全感和归属感程度，这在一定程度上决定了人们的社会信任水平。但是在人们的日常生活中，大部分时间是需要走出社区，走向学校、工作单位、集市等公共性场所，所以社会信任的形成还会受到社区层次外的社会层次因素的塑造作用。

2.2.3 社会因素影响论

社会因素影响论强调社会信任是整体社会系统的产物，社会信任主要受到社会客观现实与个人对社会的主观评价两部分的影响。影响社会信任的社会因素主要包括以下几个方面。

1. 文化规范论

对陌生人的信任文化通常预示着人们的初始信任水平。学者们强调社会历史文化对社会信任的影响，视社会信任为一种善于合作的公共精神[2,197]。弗朗西斯·福山认为伦理、习俗、宗教等文化资源决定了一个国家的普遍信任水平，他用“自发性社交”这一概念解释不同国家社会信任程度差异的原因[1]。在他看来，中国、法国和意大利这些国家的社会信任程度低的原因在于这些国家的家族关系很强，自发性社交较低，与外人的信任关系很弱；美国、德国和日本因为有较高的自发性社交，与外人的信任关系较高，所以是高信任社会。众多研究者在此基础上研究了不同文化群体的社会信任行为。

史蒂文·莫滕松(Steven T. Mortenson)对比了中国和美国居民对社会支持方式的需求，研究结果表明，人际信任与寻找社会支持紧密联系在一起，而且不同文化的支持程度不同[198]。胡秀华(Hsiu-Hua Hu)比较了美国经理人和中国台湾经理人对下属的信任基础的差异，前者主要基于下属的可靠性和能力，而后者主要基于与下属的关系紧密程度[199]。张军鹰、蔡会明研究了中国家族企业中的信任渊源，也得出了类似的结论[200]。杨宜音从社会制度和文化规范的角度强调，中国社会的"自己人"概念表达了中国人将他人包容进自己的自我(家)边界之内而形成的社会信任边界，这是一种基于关系视角形成的"自己人""自家人"信任[32]。薛天山也强调是文化上的差异导致了中西方社会信任的实质性不同[201]。另外，还有研究表明，儒家文化[202]、方言或语言[203]、祖先历史遭遇[204]等文化特质都会给社会信任带来或正向或负向的重要影响。

2. **理性选择论**

理性选择理论强调人是"理性的经济人"，交换是人们日常生活的重要内容，在这个过程中，人们总是倾向于追求利益最大化，以此来计算和权衡交换选择。而且这一理性的计算和权衡是交换活动的主要内容和方式[205]。即人们通常对于交换的对象抱有一定程度的利益期待，社会信任随着期待的实现而形成，而且会在多次成功交换后得到不断的强化。对于交换过程中风险与博弈的讨论也因此引入了社会信任研究领域。

社会信任往往意味着对对方稳定发生某些特定行为的积极判断和期待，这种期待本身就是一种风险中的赌博，这种风险中的赌博就是一种社会信任，这种社会信任可以促进风险中的合作[206]。就风险与社会信任的关系而言，安东尼·吉登斯认为拥有大量的资源可以使人变得更加开放、乐观、富有同情心，对生活的态度更加随意，从而增强了人们对他人的信任；相反，缺乏资源会让人对其他人产生怀疑，因为不信任的潜在损失可能是一场灾难[207]。王绍光、刘欣在安东尼·吉登斯和尼可拉斯·卢曼等社会学家的基础上提出“相对易损性”的概念，它指的是甲对乙失信所可能带来的损失有多大的承受能力，即个人资本决定了社会信任中的风险知觉[208]。也就是说，一个人所掌握的资源越多，越愿意冒险信任他人。张建新和迈克尔·邦德(Michael H. Bond)也认为，社会信任主要由两个因素所决定：对回报的期望和对交换中断的损害性的严重程度评估，期望值越高，对严重性的评估越低，社会信任的可能性越大[209]。李彬等关注了在社会转型过程中的社会外部风险对社会信任程度的影响，并提出通过完善社会保障制度和产权制度，加强减少社会外部风险的制度建设可以有效提高社会信任水平[210]。

3. **制度规范论**

社会信任是简化人类社会活动复杂性的机制[93]。只有通过特殊信任来处理人与人之间的关系问题，通过普遍信任来处理系统内部与系统之间的沟通问题，才能形成具有稳定性与创造性的社会秩序，才能简化社会复杂性和进一步维持社会信任。如果没有社会信任这一简化机制和功能，人类的日常生活是无法正常运行的。这一理论视角也引起了后来学者们对社会信任功能与理论的热烈讨论和思考。

从制度论的角度来看，社会信任是政治制度或政府制度的产物，制度对社会信任发挥着重要作用[211-212]。从这个视角来看，社会信任的基础是民主制度，民主制度的完善催生和增进了社会信任，政治制度和经济发展水平决定了各个国家的不同社会信任度，不同形式、不同程度的民主制度也会导致不同程度的社会信任。在中国社会，内在制度与外在制度的"制度化"与"社会化"是培育社会信任制度的内在机制[169]。有学者从"产权制度"的角度强调，明晰的产权是企业追求社会信任的基础[213]。产权制度给予了个人和企业讲究信誉、讲求信用、追求长远利益的动力，形成了社会信任的基础。在不同的制度框架下，工作于公共部门的个体的一般信任水平高于工作于私有部门的个体，其主要是高政治参与水平和低相对剥夺感在其中发挥中介作用[214]。另外，公共资源的供给状态也会影响社会信任程度，一般情况下，公共资源供给越不足，弱势群体的社会信任程度越低[35]。制度绩效、重复交往、交易成本等因素也影响社会信任的程度[182,215]。因户籍制度而形成的社会分割现象对社会信任产生了重要影响，而且这一影响还会产生"同群效应"[193]；对制度或者政府的信任会通过提高安全感、促进合作、加强团结等显著地影响到社会信任的提高程度[216-217]。

4. 信息资源论

在科学技术日新月异的现代社会，技术方面的改进和发展在很大程度上重塑了传统社会的信任结构，影响了现代社会的信任关系。尤其是以互联互通为核心的网络技术，孕育了一种潜入于网络社会、对现实社会构成重要影响的新型社会信任关系。这一新型社会信任关系形成于现代社会，又不完全局限于现代社会，对已有的社会关系进行了重新改造和塑造[218]。大众媒介所具有的信息传播功能，也对社会信任的形成和塑造发挥了重要作用[219]。

具体而言，一部分学者认为互联网有助于提高社会信任。比如，电话等公共设施促进了人们之间的交流，加强了集体身份，有助于提高社会信任程度[220]。互联网有助于增强公共舆论空间的透明性，通过促进信息的对称交流和社会话语权的重新分配，加强了对话与民主[221]。互联网中的社交网站，尤其有利于社会资本的形成与发展，有利于人际关系的维护和幸福感的提升[222]。互联网还可以通过塑造新型政治关系和反馈公众意见来扩大社会网络和增加社会资本，进而提高社会信任程度[223]。互联网还可以通过整合人际信任关系网络和提高社会交往频率来提高社会认同感和社会信任感[218]。同时还有一些学者认为互联网对社会信任具有消极影响。其主要原因在于，与传统信任相比，基于互联网形式而形成的交流，缺乏面对面的沟通，具有更强的主观性，容易受到个人特质的影响，建立社会信任的过程更为艰难[224]。网络空间具有更强的匿名性和复杂性，社会信任的风险随之更高，因此建立社会信任的难度更大[225]。网络主体的虚拟性给事中的监督和事后的救济都带来了更高的风险，使得社会信任的建立更加困难[226]。互联网具有“不交往”“浅交往”“脱域交往”的特征，增加了人际信任和系统信任的不确定性[221]。因此，信息资源主要来自互联网渠道的青年群体的社会信任程度相应更低[227]。也有研究认为，互联网对社会信任的影响呈倒U形模式[228]。当电子购物过程很愉快时，人们的社会信任程度相应更高；当电子购物的过程不愉快时，人们的社会信任程度相应更低[229]。具体而言，互联网既有可能通过促进线下社交、改善人际关系的方式对社会信任产生积极影响，也有可能通过影响社会成员的社会公平认知而对社会信任产生消极影响[78]。

总之，社会信任的社会因素影响论强调的是整体社会的客观实际和人们对整体社会的主观感受影响人们的社会信任水平。在这个过程中，社会上广泛存在的各类社团组织、交往互动方式、社会治理水平、清廉高效状况、社会公平程度、社会安全感受等都会影响到社会成员的社会信任水平。

已有的有关社会信任影响因素的国内外研究对个人、社区与社会方面的因素都有所涉及。具体的理论视角包括价值规范论、社会资本论、理性选择论、信息资源论等。从以上文献梳理可以看出，已有研究对社会信任的解释或者侧重于宏观的制度/文化变量，或者侧重于中观的社区/邻里变量，或者侧重于微观的性格/心理变量，基本上涵盖了社会信任影响因素的方方面面，但依然有相应的值得思考的问题：这些影响社会信任的文化、制度、心理等因素是如何产生的？影响社会信任的发展与变迁的机制是什么？尤其是改革开放四十多年来，整体社会经历了急剧的转型，社会结构发生了巨大调整，这一结构性社会背景对社会信任产生了怎样的影响？对这些问题的思考都要回归到整体的社会结构和社会变迁形态上。因此，从社会结构的理论视角来解释社会信任或许是一个更有效的切入点。

这也可以理解为，社会信任很重要的一个方面是体现在社会结构、团体结合的形式上。所以从社会结构的理论视角来看，社会信任的建立不能脱离具体的社会系统和制度情景，需要从社会结构中寻找另一社会事实来解释社会信任这一社会事实。正如安东尼·吉登斯所指出的，社会信任关系是与现代性相关联的，以对时空的延伸和扩展为基础[83]。作为社会结构观的重要因素，种族、移民等多样性特征是西方学者研究社会信任的重点关注对象。与西方的多种族、移民国家不同的是，中国是由 56 个民族组成的多元一体格局国家，而且随着经济社会的不断发展及人口迁移的范围和规模不断增大，不同地区的族群多样性程度不断提升，对整体社会产生了重要影响。本书因此试图在社会结构理论的框架下，探讨族群多样性特征对社会信任的影响效应和影响机制。以下重点对族群多样性影响社会信任的研究及族际交往影响社会信任的研究进行基本梳理。

2.3 族群多样性与社会信任

在所有解释社会信任的变量中，族群多样性被认为是一种重要的经验解释变量[230-231]。从这一视角出发，社会信任不仅来自文化，也与基因遗传有关，同时也是一种基于生活经验（遇见其他族群成员）而形成的贯穿生命历程的稳定倾向[232]。因为只有当人们遇到外族群成员时,才会产生信任或不信任的现实抉择,所以族群性的核心就是对他族群成员是否信任的问题[233]。因此,信任与族群本身就是紧密相连的关系存在。即社会信任是一种通过与陌生的他人接触所形成的感受,也是一种形成你(敌)、我族区别的重要因素。族群多样性因此影响着社会信任的选择、生成和发展。已有研究主要关注的是西方国家的移民或种族多样性对移民与原住民、少数种族与多数种族、一代移民与二代移民的社会信任的影响。研究重点主要分布在以下几个方面。

2.3.1 针对不同族群多样性的研究

所有有关族群多样性结构作用于社会信任的研究,都需要首先界定测量族群多样性的背景和方式。大多数研究以特定的管理单元(人口普查区域)为出发点来测量居住区域的族群多样性特征。但是不同研究的测量方式存在很大差异。一方面,测量区域的规模存在差异。一些研究侧重于紧邻而居的邻居[234],一些研究侧重于更大范围的邻里[235],还有一些研究侧重于同一邮政区域[14],或者同一城市区域[47,236],或者同一国家区域[237]。也有一些研究运用元分析的方法比较了不同地域背景的族群多样性效应[238],认为族群多样性对社会信任的消极影响在美国比其他国家更明显。另外一些研究对比了不同层次的族群多样性对社会信任的影响,认为族群多样性对社会信任的消极影响在微观层次比在宏观层次更明显[41]。另一方面,在如何选择族群多样性背景方面存在差异,这涉及如何界定族群和外族群以及如何计算背景特性。在如何界定族群方面,有的根据种族,有的根据起源,有的根据国家来源;在如何界定外族群方面,有的侧重外来移民,有的侧重非西方移民,有的侧重少数族群;在如何计算背景特性方面,不同的研究就族群类别如何反映多样性环境这一问题存在差异,有的根据族群集中程度(与被调查者相比具有不同族群背景的人所占的比例)来计算,有的根据赫芬达尔指数(随机选择两个个体属于不同族群的概率)来计算[239]。

已有研究在族群多样性的测量和计算方面都存在一定差异,这预示着在后续的研究中同样要因地制宜地采取最符合当地现实情况的测量和计算方式。考虑到中国社会最大的多样性是不同族群因为不同风俗习惯、语言文字等而构成的文化差异,所以本书试图根据族群身份来计算族群多样性程度。具体的计算方法会在研究设计部分详细展示。

2.3.2　针对不同场域的研究

已有的有关族群多样性与社会信任关系的研究,有的基于国家层次,有的基于城市或者邻里层次,也有的基于工作环境或者学校场域。有的发现居住环境与工作场所的族群多样性特征都对社会信任产生消极影响;有的发现居住环境的族群多样性特征虽然对社会信任有消极影响,但是工作场所的族群多样性特征对社会信任有积极影响[240]。也有研究检验了学校场域(学校、年级、班级层次)中的族群多样性特征对学生们的社会信任的影响,发现了或消极或积极的影响关系[241-242]。就不同场域的群体而言,比如慈善组织中的族群组成与组织成员之间的社会信任并无太大关系,但是老年人与年轻人群体中的族群多样性与社会信任的关系研究表现出消极的影响模式[243]。

已有研究对族群多样性与社会信任关系的研究涉及不同的研究区域,得出了不同的研究结论。这意味着,不能简单地以族群行政区域划分来作为研究族群与社会信任关系的操作方式,而需要根据一个具体区域(比如社区)的族群多样性指数来反映族群构成的多样性程度,以更好地反映我国不同族群成员混合居住的空间情景,进而对不同具体区域的社会信任状况进行揭示。

2.3.3 针对不同中介效应的研究

一些研究探讨了族群多样性与社会信任之间的个体与环境层次的中介效应。有研究认为族群多样性与社会信任之间的消极效应在老年群体中更明显[244]。也有研究认为族群多样性与社会信任之间的积极效应在受教育程度高的群体中更明显[235]。还有一些研究关注性别、收入、失业等个体层次变量，以及不平等、收入差距等社区层次变量在族群多样性与社会信任之间的中介效应[41]。国家和地区层次的中介效应也同样被关注，比如有研究发现，发挥中介效应的不仅有失业、贫困、人口规模等因素，还有地区与国家层次的不平等、政策整合、经济增长等因素[245-246]。

针对族群多样性影响社会信任的中介效应，不同的研究有不同的关注点，也是一个没有形成共识的议题。这意味着，不能仅仅关注族群多样性影响社会信任的具体效应，还需要探讨二者间的中介路径及作用机制。

2.3.4 不同研究的不同结论

在族群多样性与社会信任关系的一系列文献中，由于研究对象、前提假设、指标选择等方面的差异，学者们得出了不同的研究结论。也就是说，不断增加的族群多样性究竟对个体和群体的社会信任程度会产生积极还是消极的影响，目前在社会科学领域还没有形成相应的共识。一开始的研究结论更倾向于认为族群多样性对社会信任有负面影响，但这一结论没有完全得到后续研究的有力支持。学者们开始转向研究族群多样性对社会信任的间接影响，分析两者的关系。

一种观点认为族群多样性对社会信任有明显的消极影响，但关联的机制尚没有统一结论。近些年来，众多研究关注了国家、地区、城市或邻里的族群多样性与不同形式的社会信任之间的关系，证明了种族和族群的多样性与社会信任之间的消极关系。弗朗西斯·福山指出，正是由于组织的多元化，成员间的彼此信任程度相应降低，为团队合作制造了新的障碍[1]。这可以解释为，多样性增加了对外群体的不信任和内群体的团结。与其他种族或族群背景的人们接触得越多，对“我们”的信任更多，对“他者”的信任更少[247]。阿尔贝托·阿莱辛纳(Alberto Alesina)和埃莉安娜·拉·费拉拉(Eliana La Ferrara)发现美国各州种族多样性和人际信任水平之间存在一种非常强大的负面关系。为了解释这种模式，他们提到了“对异质性的本能厌恶”[37]。罗伯特·帕特南就族群多样性与社会资本、社会团结、社会信任的关系曾明确表示：从长远来看，多样性是一项重要的社会资产；然而，从短期到中期来看，移民和族群多样性挑战了社会团结、抑制了社会资本，这种向一个更加多元社会的转变不仅导致了公民参与的衰落[182]，还对社会信任产生了重要的消极影响[9]。族群多样性与社会信任的关系因此引起了学界的重点关注和热烈讨论。实验研究也表明，族群多样性的增加导致与族际交流相关的诚实守信和互惠水平明显较低[248]。也有学者就公共物品游戏研究了文化一致和文化多样群体中的合作状况，研究结果表明，文化多样群体中合作的概率更低[249]。对这种模式最流行的解释明确地提到了“同质性的偏好”，这一同质性原则指向的是，相似的人们之间的接触比不相似的人们之间的接触更频繁[250]。因此，居住在异质社区的个人预期互动更少，从而导致社会信任和互惠水平较低。

另一种观点认为族群多样性对社会信任的消极影响是有条件的。这一条件性主要表现在，族群多样性对社会信任的消极影响主要发生在那些落后和贫困的社区。当去除这一因素的影响之后，族群多样性并没有必然地削弱社会信任或者社会团结[251]。也有一些学者用实验研究的方法分析了族群多样性与社会信任的关系，强调族群多样性未必会导致社会信任和互惠程度的降低，或者说，族群歧视或不信任的根源并不在于族群多样性本身[252-253]。还有研究认为，族群多样性对一般信任没有影响，却降低了特殊信任程度，但是这一作用主要来自经济剥夺和社会联系[234]。纳塔莉娅·莱泰克(Natalia Letki)的研究也认为，已有的研究很少考虑到，通常与族群多样性密切相关的背景特征：社会经济地位低下[15]。邻近的社会经济环境（除了个人的社会经济地位之外）也是导致对外来成员产生消极态度和缺乏信任的主要因素。其他研究认为，邻里经济劣势和无序是影响人际信任的主要因素，高社会经济地位是邻里态度和参与的重要预测因素之一。邻里劣势对个体层面的劣势影响存在放大效应：低个体地位和低邻里地位的结合对社会信任的损害尤为明显[254-256]。总结而言，剥夺和混乱破坏了社区意识：它们破坏了正式和非正式的互动，进而降低了社会信任和社区归属感。这些研究为揭示族群多样性与社会信任的因果关系提供了更加精确的研究支持。但是研究的对象通常是特定族群间的交往所指向的特定信任、合作或歧视形式。

还有一种观点认为，族群多样性在削弱，同时也在一定程度上建构着不同方面的信任，而且族群多样性对不同族群的影响是不同的[257]。比如，社会信任与邻里间的种族多样性总体上具有积极关系，社会信任主要与少数族群聚集程度具有消极关系，而且这一消极关系主要存在于白人群体中[42]。或者说邻里族群多样性与族际态度之间的关系存在混合效应[258]。甚至在一定程度上，族群多样性没有对族际信任产生消极的影响，相反，不同的邻里增加了族际信任[235]，而且是多样性在总体上增加了社会信任的前景[259]。也可以说，社区环境不仅在塑造公民价值与行为取向方面发挥着重要作用，而且互动环境的多样化是发展普遍信任的关键条件[256]。

总之，有关族群多样性与社会信任关系的研究是一个还没有形成共识的议题,不同的研究,因为不同的研究场域、不同的研究对象、不同的测量方式、不同的社会信任类型,得出了不同的结论。这也要求在具体分析的过程中需要根据中国的现实情况,采取最符合中国国情的测量和计算方式,针对不同的社会信任类型,做出具体的分析。在对族群多样性与社会信任关系的研究进行梳理的基础上,下面展开对族际交往影响社会信任的相关研究的具体梳理。

2.4　族际交往与社会信任

社会交往被于尔根·哈贝马斯认为是人区别于动物的一种重要方式,也是不同文化之间尤其是不同宗教世界观之间实现"跨文化对话"和"互补性学习"的一种学习过程,还是实现相互理解和达成共识的核心[74]。在于尔根·哈贝马斯看来,一个社会内部所具有的社会交往方式和社会交往内容,是衡量整体社会的福利程度和自由程度的重要标准,这一交往方式和交往内容还体现在市场的运行和民主的程序之中。族际交往因此被认为是人们之间进行互动和交流的重要内容,基于族际交往形成的互惠性、熟悉性以及交往经验对社会信任的建构有着重要影响。

2.4.1　族际交往影响社会信任的积极效应

社会信任理论的一个重要观点是,人们倾向于相信那些有过长期交往经历或者预期将要长期交往的个人和组织,即社会信任是一种以长期交往为前提的合作均衡[260]。具体到族群多样背景中,人们通常会更相信那些与他们有过很长时间交往和互动的人们。也就是说,那些参与了更多族际交往的人们和那些有更多机会去认可其他族群成员的人们的社会信任水平,应该比那些没有或者很少参与族际交往的人们,会更少地受到族群多样性的消极影响。族际信任的关键在于通过族际交往、情绪认同和群体认同来实现族际和解[261]。

作为一种减少社会交往复杂性的机制，伯纳德·巴伯也认为社会信任是一种通过社会交往所习得的预期[94]。马克·格兰诺维特(Mark Granovetter)同样强调社会信任建立在互动的基础之上，正如行动者的行为嵌入在互动网络和社会结构之中，交往对社会信任发挥着至关重要的作用[262]。社会交往或者社会交流的缺乏，以及社团参与机会的降低，都会阻碍社会信任的形成。

交往产生社会信任的原因可以归结为：交往通常会产生两种结果——熟悉性和交往经验。越是熟悉的对象，人们对其未来行为的稳定性和确定性就越大，更容易产生相互之间的信任。尤其当个体的期待得到不断实现时，社会信任就会通过这种积极的交往经验得到不断强化。人与人之间的交往可以实现交往主体之间的互惠性，这种互惠的可靠性和稳定性可以促进社会信任的建构；反之，人与人之间交流和互动的缺乏，则会阻碍社会信任的建立[84]。那些参与族际交往的群体受到族群多样性的影响程度相对小一些，也就是说，族际交往在某种程度上可以充当族群多样性和社会信任之间的中介变量[16]。族群多样性的消极影响取决于邻里交往程度[251]。族际交往的一个重要影响结果是，增加了社会信任和社会宽容[263]。在融合性高的多样性社区，紧密的个人网络有助于构建社会信任[13]。甚至在互联网背景下，社会交往以及与朋友聚会频率的提高，也会在一定程度上削弱互联网对社会信任的负面影响[227]。

在多元族群共存的中国社会，不同场域中族际交往也发挥了同样的积极效果，这表明中国人的社会信任不仅来源于以血缘为基础的亲情，还来自以交往为基础的关系网络[98]。社会信任正是在社会互动中产生出来的，人际交往的范围扩大和频率增加，有望提高整体社会的信任程度[264]。不同族群之间的接触或交往，可以改变族际态度和行为，减少族际偏见和歧视，解决族际矛盾和冲突[265-267]。族际交往是构建和谐族际关系的基础，族际交往不充分将导致针对其他族群错误认知的形成及负面交往情绪的产生，并且妨碍族际相互理解能力的建构[55]。也就是说，族际交往可以削弱不同族群之间因为缺少了解而导致的偏见与歧视，可以消弭族际交往的焦虑与隔膜，为族际政治、经济、文化事项创造良好的社会基础。中国目前的低社会信任度可以归因于人们还缺乏重复交往和参与重复博弈的机会[180]。所以，要增进不同族群之间的信任，就必须通过增加不同族群的接触或交往来增进彼此之间的了解[25]。

2.4.2 族际交往影响社会信任的条件性和限度性

当然族际交往的作用也并不是完全积极的。正如已有研究所强调的，族际交往的积极效应是存在条件和限度的，当对应的条件不被满足时，消极作用大于积极作用[55]。例如，严重违背最优条件有可能导致消极性的族际交往，且对族际关系和社会信任形态造成负面影响(带来诸如增加怀疑、憎恨、恐惧甚至冲突等问题)。而且，诸如文化差异和利益竞争等问题无法在族际交往的理论框架中得到完全解决。

戈登·奥尔波特的研究指出，族际交往本身未必是改善族际关系的有效工具。这主要是因为，族际交往本身是一种不断变化的现象，还会涉及积极性的族际交往和消极性的族际交往。而且积极性的族际交往的积极作用必须在具备最优条件时才能实现：平等地位——参与族际交往的群体持有平等的交往地位；共同目标——参与族际交往的群体拥有可以通过共同努力实现的共同目标；族际合作——参与族际交往的群体在实现共同目标的过程中是相互合作而非竞争的关系；制度支持——予以参与族际交往的群体制度方面的支持和鼓励[51]。只有在这四个条件都得到实现的情况下，族际交往才能充分地发挥积极性的作用。在违背最优条件的情况下，族际交往反而会带来一系列的不良效应。遵循这些最优条件可以增强族际交往的积极效果，还可以减少消极族际交往的发生。所以，族际交往的条件而不是族际交往本身对族际关系产生着影响。这也说明族际交往并不会必然导致社会信任，族际交往对社会信任的影响可能不是简单的线性关系，而是存在一定的条件性和局限性。

以上研究探讨了族际交往对于提升社会信任所具有的积极效果，并分析了产生这一积极效应的具体原因和内在机制，也同样指出了族际交往对社会信任的积极提升作用存在一定的条件和限度。但是相对而言，目前还缺少对决定族际交往形态的族际交往意愿和族际交往能力影响社会信任的具体效应和作用限度的明确分析。

2.5 对既有研究的总结与评析

已有文献对社会信任作用于社会共识的功能意义进行了广泛的研究，并且从个人、社区和社会三方面深入地探讨了居民社会信任程度的影响因素，剖析了族群多样性与族际交往对社会信任的具体作用，对于社会信任的构建有着重要的指导作用。但就族群多样性与社会信任的关系而言，国际上有关族群多样性影响社会信任的具体效应的研究结论不尽相同，族群多样性影响社会信任的中介机制还不够明晰，而且这一主题在国内的研究中还没有引起重点关注。

首先，现有研究对族群多样性究竟如何影响社会信任这一问题的具体答案还存在一定的争议。争议的焦点在于，族群多样性究竟是否降低了社会信任程度。争议的原因在于，对这一议题的研究存在不同的前提假设、测量指标以及研究对象，且只考虑了族群多样性影响社会信任的线性模式效应。通常在发达程度和民主程度相对较低的地区或国家，族群多样性对社会信任的负面影响更明显；而在发达程度和民主程度相对较高的国家，社会制度和文化规范的影响力相对更高，社会资源和公共产品的分配相对更合理，有利于降低族群多样性对社会信任的消极影响，甚至在一定程度上反而会提高社会信任程度。所以对这一问题的探讨需要就不同的国家、地区、社区特征，在控制收入差距、经济状况等因素的影响之后，针对不同的群体做出分门别类的探讨。

其次，有关族群多样性影响社会信任的作用机制是什么这一问题还没有得到明确解答。就族群多样性影响社会信任的作用机制而言，已有研究主要探讨的是群体差异、社会制度、社会控制、偏好选择等方面的影响效应，或者利益冲突、族际偏见等因素的消极作用。虽然已有研究主要探讨了族群多样性对社会信任的消极影响，但是这些消极影响并不是在所有国家都普遍存在，一个具有更高质量制度和福利的国家，族群多样性对社会信任的消极影响将被最大程度地降低。所以，在未来的研究中，就族群多样性的作用效应而言，在具体的研究过程中应对不同的研究对象进行识别，考察不同中介因素及其作用机制，丰富与完善对族群多样性与社会信任之间联系的解释与理解。

最后，基于社区层次的族群多样性背景来考察中国的社会信任结构目前还处于研究的起步阶段。已有研究对中国的社会信任的影响因素和影响结果进行了大量的分析，得出来的结果也不尽相同，但是很少有研究关注族群多样性对社会信任的具体影响。尽管有研究表明多族群地区的社会信任是当前中国经济社会发展的重要内容，但是相对于国际上成熟和系统的有关族群多样性与社会信任关系的研究，国内学术界主要关注了社会分层、社会流动、互联网等因素对社会信任的影响，基于社区族群多样特征进行的社会信任研究才刚刚起步。

总之，梳理已有研究发现，在族群多样性影响社会信任的效应和机制研究方面，国内研究还有很大的扩展空间。基于此，本书试图借鉴国内外的理论与实证研究，旨在从族际交往视角考察中国社会的族群多样性影响社会信任的具体效应，特别是族际交往在其中所起的中介效应及其作用效果，以此来探索建构多元族群地区社会信任的基本路径和政策要义。

第3章

研究设计

第2章梳理了已有的有关族群多样性、族际交往和社会信任关系的研究，本章根据以上的研究思路和文献梳理，提出本书的研究框架，同时基于大型调查数据，对主要概念进行操作化，并对研究策略与分析方法的选取做出必要的说明。

3.1 研究框架

基于以上的研究思路和文献回顾，本书的研究框架主要遵循社会结构论所强调的逻辑，即社会结构限制和影响着行动者的行动，行动者的行动影响和建构了系统的行为[72]，认为社会信任的形成和发展在一定程度上受到社会结构的决定和塑造作用，同时又对社会结构产生一定影响。具体而言：一个地区的族群多样性程度越高，即社会结构的分化程度越高，不同族群基于不同的族群结构所带来的不同族际交往机会和不同族际交往体验，产生了不同的社会信任形态，这一社会信任形态在一定程度上还会反作用于社会结构。

就中国社会的信任结构而言，改革开放四十多年以来中国社会结构的急剧变迁和快速转型对不同族群原有的特殊信任和普遍信任所产生的影响更值得被关注和讨论。这是因为，随着改革开放后经济社会的快速发展和城市化进程的不断加快，整体社会的结构形态、制度方式、组织类型以及人们的生活方式和价值观念都发生了翻天覆地的变化。而且，人口流动的范围和规模因之不断增加，不同族群进行交往的空间和机会也不断增大，多样性随之不断提高。这种社会结构方面的多样性特征的不断增加在一方面加强了族际之间的交流和合作，也在另一方面对社会信任带来了巨大冲击。

基于这一思路，本书试图从社会结构的理论视角考察族群多样性影响社会信任的具体效应和机制，以及族际交往在其中的中介作用。这一理论视角，一方面探讨的是产生社会信任的外在源泉，另一方面探讨的是形成社会信任的内在动力。对社会结构视角下的族群分布和社会互动（比如族际交往）的具体关注，将有助于对社会信任的内在机制做出进一步的深入理解。也就是说，社会信任问题的解决，不仅需要从个体的角度去考察行动者的思想与行为，还需要从社会的角度考察与社会信任所关联的结构、制度等方面的因素。

因此，本书秉承"结构（族群多样性）—互动（族际交往）—个人（社会信任）"的研究框架，研究中国多族群背景下的社会信任状况，即社会结构——族群多样性——会对社会信任造成影响，而这种影响通过不同族际交往形态的不同塑造作用在结果上呈现出一定差异。与已有的有关社会信任的研究相比，社会结构视角的研究框架强调社会结构对个人能动性的决定作用，把行动者的行动放入社会整体中进行考察，并且考察了社会结构中社会互动的具体作用和效应，有助于整体性地理解社会信任的结构和形态。

基于"结构（族群多样性）—互动（族际交往）—个人（社会信任）"的研究框架，本书关注的核心问题是，族群多样性对社会信任产生了怎样的影响，族群多样性通过族际交往对社会信任产生了怎样的影响，多元族群地区的社会信任何以建构。为了更清晰地探讨族群多样性对社会信任的作用效应，本书参照马克斯·韦伯的社会信任分类思想将社会信任分为特殊信任和普遍信任两类[36]，对比特殊信任和普遍信任是否会随着族群多样性程度的不断增加而产生一定的变化以及所存在的差异。另外，为了更清晰地探讨族际交往在族群多样性与社会信任之间的作用效应，本书试图对族际交往进行分类，探讨不同族际交往形态的作用是否存在差异。考虑到中国社会的族群多样性主要产生于族际的文化差异，基于文化方面的互动交流意愿和能力应当对社会信任的形成与发展产生重要影响，所以本书将族际交往分为主观的族际交往意愿和客观的族际交往能力两种类型，探讨族群多样性背景中，族际交往意愿和族际交往能力对特殊信任和普遍信任的不同影响（见图 3－1）。

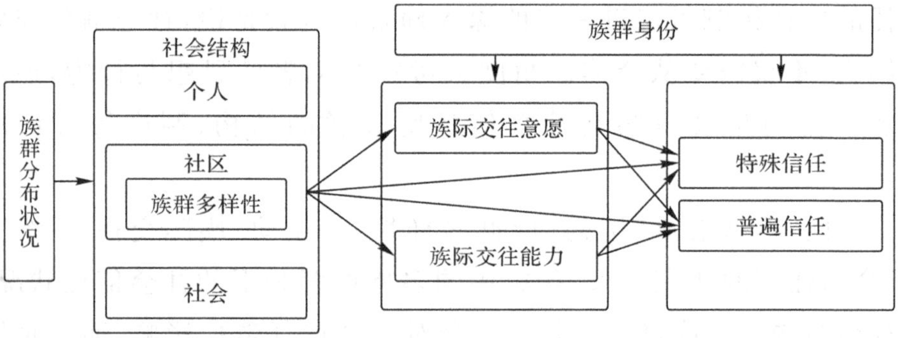

图 3－1　研究框架

另外，考虑到族群多样性对社会信任的影响可能存在群体差异，本书同样需要对这一群体差异进行分门别类的探讨。正如埃米尔·涂尔干所强调的，对既有的社会现象做出考察、解释和比较，这是社会科学研究的重要特色[268]。实证社会科学的定量分析正是通过概括组间差异来探寻相似性和相异性的过程[269]，也是一种在简单性与复杂性之间的必要权衡[270-271]。

本书正是遵循这一权衡原则，认为族群多样性对社会信任的影响可能因群体而存在差异，而且有必要对其进行一些初步的探讨。考虑到中国社会不同族群基于文化的差异形成了不同的社会信任形态，因此，本书试图对不同族群进行分类与合并，对比多元族群背景下不同族群大类中的特殊信任和普遍信任状况。本书不仅对比族群多样性对社会信任的影响分别在整体和不同族群大类中的差异，还要对比族际交往意愿和族际交往能力在族群多样性背景下分别对整体和不同族群大类的社会信任的影响差异。

3.2 资料来源

众所周知，中国的少数族群主要集中在西部地区。与东、中部地区相比，西部地区有其鲜明的族群构成复杂、宗教信仰多元、经济相对落后、文化差异较大的特色，极具分析价值。首先，西部地区包括陕西、甘肃、宁夏、青海、新疆、西藏、云南、贵州、广西、四川、重庆、内蒙古共12个省、自治区和直辖市，土地面积约占全国国土总面积的71%[272]。其次，自西部大开发以来，西部地区的社会经济在取得快速发展的同时，也存在由族群关系多元、利益结构复杂等原因引发的一系列现实问题。另外，当前国内外形势正在发生深刻的变化，时刻影响着西部地区族际关系的现状和未来走向，西部凡是有关族群与信任的问题是涉及各族群共同繁荣发展、社会政治稳定与国家长治久安的重大现实问题。因此，建构西部多族群地区的社会信任，凝聚全国各族人民的思想和共识，是构建和谐、融合的多元一体格局的重要环节。因此，本书试图运用有代表性的综合调查数据对中国西部地区的族群多样性、族际交往与社会信任之间的作用关系进行分析。

考虑到有关族群与信任关系的实证研究在中国社会还没有引起重点关注，很重要的一个原因是长期以来缺乏有关多族群地区的大型调查数据①。已有的有关族群与信任的研究因此主要侧重于实验研究、理论分析、田野调查或者小型调查分析[23,26-27,59]。为了改变这一局面，2010 年西安交通大学实证社会科学研究所发起和组织，联合西部 12 个省、自治区、直辖市的高校单位共同参与完成"中国西部社会经济变迁调查"(CSSC)项目②。该项目通过分层随机抽样、入户问卷调查的方式完成。具体而言，其根据西部 12 省区市的农业人口和非农人口所占比例，将具体的样本框分为城市和农村两类，对每一类中的人口数进行多阶段的概率比例规模抽样(PPS 抽样)，依次抽取出 10 个县(区)，每个县(区)内抽取 3 个乡镇，每个乡镇抽取 2 个村委会(社区居委会)，最后，在每一个选中的村委会(社区居委会)中通过简单随机抽样的办法选择样本。数据样本是西部 12 个省区市中 18 周岁及以上的城市和农村人口。调查规模为每省区市 900 份问卷，新疆、西藏由于调查的难度和人口分布特殊，调查规模调整至 600 份。该项目最终共收集有效问卷 10946 份，其中陕西 1176 份，四川 960 份，青海 1026 份，云南 912 份，甘肃 897 份，宁夏 972 份，广西 999 份，新疆 612 份，西藏 620 份，贵州 899 份，内蒙古 993 份，重庆 880 份。最终，有效样本量是 10946 份，其中，农村户口有 6555 份，非农户口有 4391 份。总样本中少数族群占比近 30%，与现实中西部地区少数族群在总人口中的占比非常接近，这为实证分析提供了可靠的数据基础。

① 为配合我国西部大开发战略，由中国科学技术促进发展研究中心主持，在除西藏之外的西部 11 个省市区进行了新中国成立后西部首次大规模综合社会调查"中国西部省份社会与经济发展监测调查"，相关调查结果最终形成了《西部人民的生活》一书。除此之外，中国社会科学院民族学与人类学研究所在 2013 年发起了"21 世纪初中国少数民族地区经济社会发展综合调查"项目，这是近年来为数不多的专门针对少数族群的大型调查。

② 由于有关多族群地区社会信任问题的调查数据非常欠缺，而一个国家的多族群地区的社会信任问题是自古以来的重大议题，不是一个在短时间内就可以轻易变迁的问题；另外，本书主要关注的基础性现实问题是，在中国社会，族群多样性究竟如何影响社会信任以及影响的中介机制是什么，多元族群地区的社会信任何以建构，而能够对这一问题进行系统分析与实证检验的数据很少。所以，2010 年的"中国西部社会经济变迁调查"(CSSC)数据是目前研究多族群地区社会信任问题最合适的数据。

3.3 研究变量的选取与测量

已有的有关族群多样性与社会信任的实证研究大多是从宏观国家、省市层面的族群结构特征或微观的个体族群身份背景出发，来作为测量族群多样性程度的指标依据，在比较中主要以多数或主导型族群与少数族群之间的二分为主。对中观维度的社区层面情景因素考虑不足，难以准确反映异质性族群日常生活的交往互动对其社会信任的影响模式[273]。而社区作为形成社会资本的重要场域，是囊括居民生活和工作内容的重要载体，其不仅是公共管理的基本单元，也是国家治理体系现代化的重点，关系着整体社会的整合与稳定[274]。探讨社区层面的族群多样结构如何影响不同族群的社会信任程度，对于多元族群社会的和谐稳定与繁荣昌盛有着重要的现实意义，也对于弥补已有研究的不足具有重要的理论意义。

尤其在中国社会，社区是居民居住地的最基本单元，是一个可以从心理、经济与地理等方面清晰分辨边界的邻里范围[10]。在广阔的中国西部地区，很多地方都是典型的族群聚居区，社区内的族群构成对于整体社区与社会的联结与整合有着不可替代的作用。更为关键的是，族群关系还时常与文化、政治、宗教等因素交织在一起，更强烈地影响社区的各种要素和共同体性质。比如，在社区中人数最多的少数族群一定会对整体社区的族际关系和社区形态产生影响，或者基于本族群的属性特征，或者基于它与其他少数族群之间的关系特征。一般情况下，作为聚居区的社区，在城市和乡村中有着明显的区别，乡村的聚居有着明显的传统聚居状态，比如居住空间的族群划分和族际通婚，但是城市的聚居就更易出现“大杂居、小聚居”的形态。总体而言，西部是族群聚居区出现较多的地方，族群聚居的作用不仅关系到族群互动，还关系到综合性的社会信任。为此，本书重点关注西部地区社区层次的族群结构对社会信任的具体影响。

3.3.1 社会信任的分类与测量

本书的因变量为社会信任。考虑到社会信任是人类社会进入工业社会后才产生的命题，也就是说，在彼此熟识的人之间并不存在信任的问题，只有在遇到陌生的“他者”之后，才产生了具体的信任问题[233]。

在已有的有关族群多样性与社会信任的研究中，社会信任可以总结为基本的四类：普遍信任、外群体信任、内群体信任和邻里信任。尽管普遍信任与外群体信任、内群体信任、邻里信任都存在差异[275]，但是事实上，族群多样性不仅降低了对外群体的信任[276]，也降低了对邻居等内群体的信任[277]，对这些社会信任形式都存在消极影响[9,111]。

也就是说，人们对待群体内和群体外的态度往往并不是彼此相反的，很有可能是同步的。比如，罗伯特·帕特南的研究表明，在更多样化的环境中，人们不仅不信任其他族群成员，甚至不信任族内成员[9]。即在多样性背景中，对外群体的信任程度越低，往往对内群体的信任程度也越低，所以本书关注的重点不是族际的信任，对外群体和内群体的信任因此不做区分，而使用普遍意义上的社会信任作为因变量。再根据马克斯·韦伯的社会信任结构思想[36]，认为特殊信任和普遍信任是划分社会信任类型的重要依据，也是对比族群多样性效果的重要分类，因此本书将社会信任分为特殊信任和普遍信任两类。

特殊信任是以熟人交往中的情感联系为基础而形成的信任形态，体现的是日常生活中熟人之间的信任程度。考虑到中国居民通常对家人最为信任，其次为熟人，再次为陌生人[165]，所以中国人对家人是一种信任的常态，而对熟人与陌生人的信任是最值得探究的非常态。就特殊信任而言，对“邻居”的信任是研究居住环境族群多样程度的重要指标[111]，对“朋友”的信任同样也是考察熟人信任的重要方式。所以本书用对“邻居”“朋友”的信任程度（答案的设置都是“完全不信任”、“比较不信任”、“说不清”①、“比较信任”、“完全信任”，分别赋值 1～5 分）的加总来测量特殊信任。得分越高，说明特殊信任程度越高。

就普遍信任而言，普遍信任反映的是对整体社会的信任程度。测量普遍信任的一个常用问题是对社会上大多数人的信任程度[278]，另一个经常被用到的问题是对陌生人的信任程度[279]，因为对陌生人的信任被认为是衡量社会互动与合作状况的最重要指标[45,280]。对“社会上大多数人”和“陌生人”的信任都属于普遍信任的一部分[281]，仅仅用对“社会上大多数人”或“陌生人”的信任来测量普遍信任会存在一定偏差。本书因此借鉴已有研究的思路，将对“社会上大多数人”和“陌生人”的信任程度（答案的设置都是“完全不信任”“比较不信任”“说不清”“比较信任”“完全信任”，分别赋值 1～5 分）进行加总，以此形成测量普遍信任的一个连续性变量[282]。得分越高，说明普遍信任程度越高。

3.3.2 族群的分类与测量

本书的核心自变量为族群多样性，在对族群多样性指数进行测量与计算前，需要对相应的族群进行分类与测量。考虑到在中国西部社会经济变迁调查数据中，抽样调查总共涉及 29 个族群②，本书首先对整体中的族群多样性、族际交往和社会信任的关系进行分析，其次对比汉族和少数族群整体中的效应差异，最后对比不同少数族群大类之间的效应差异。

---

① 本研究对“说不清”这一答案选项进行了分析，发现加入“说不清”选项和去掉“说不清”选项的统计分析结果基本一致，文中只展示加入“说不清”选项的统计分析结果。

② 之所以只涉及 29 个族群，是因为调查采用概率与规模等比例的随机抽样方式进行，其他少数族群由于没抽到（主要是所占比例低）而没有进入最终的数据和分析。

之所以在对整体中的关系效应进行分析的基础之上，将55个少数族群视为一个整体，分析和对比汉族与少数族群整体中的族群多样性、族际交往和社会信任的关系效应差异，主要是基于以下两方面的考虑。首先，所有的少数族群都享有区别于汉族的优惠政策。自1949年新中国成立以来，为实现各族群在政治、经济、文化等方面的平等，党和政府制定了一系列政策法规，在多个领域对少数族群进行优惠。这些范围广泛、影响深远、种类多样的优惠政策在总体上促进了少数族群的发展，对我国的族际关系和少数族群人口的变动都产生了不可忽视的影响。这些少数族群优惠政策对族际交往与社会信任结构产生了怎样的效果？这同样也是本书考察的内容之一。其次，少数族群占总人口的比例本来就不到10%，更细致的分类将会降低统计分析中的解释力[283]。定量分析主要强调的是通过实证模型对组间差异进行概括，暂时忽略组内差异，这是进行比较研究的主要方式，也是在复杂性与简单性之间的必要权衡。

另外，之所以在对比汉族与少数族群整体中的关系效应的基础上，将不同少数族群进行合并和分类，对比不同少数族群大类间的效应差异，是考虑到在族群多样性背景下，中国的55个少数族群因为语言文字、宗教信仰、风俗习惯、风土人情的差异，不同族群基于族群文化的差异形成不同的族际交往意愿和能力，因而特殊信任和普遍信任的状态存在一定的差异。故此需要对不同少数族群的族群多样性、族际交往与社会信任关系进行分门别类的探讨。但是对调查数据中所涉及的28个少数族群都进行分门别类的探讨显然是不现实的，所以本书需要根据已有研究的理论基础和现实中少数族群相近原则对少数族群进行聚类分组。

在少数族群分组方面，林惠祥先生曾系统总结过不同文献对中国各族的具体分类，其主要从“历史”与“现代”两个时间段来进行考察和分类[284]。在此基础上，已有研究或者基于人口规模、聚居程度、独立语言、宗教因素、族际通婚、与中央政权关系、境外同族是否建立独立国家这七个因素，以及历史上中央政权对待边疆少数族群地区的政策框架，将中华民族下属的各少数族群归纳为八大类，具体是以代表性族群为首的藏族、回族、满族、蒙古族、朝鲜族、维吾尔族、新疆的其他四个信仰伊斯兰教的少数族群、南方各族[285]；或者参照语言、区域等因素，以少数族群相接近为原则进行聚类和组团分析，具体将少数族群合并为满蒙等族、回维等族、藏彝等族、壮侗/苗瑶等族共四类[286-287]。已有研究的族群分类思想为本书提供了重要的理论借鉴，即各族群体因为历史发展进程、历史联系、社会经济水平和能力存在差异，各族成员参与族际交往的机会和对社会信任的感知存在一定差异。本书因此需要在尊重历史与现实的基础上对中国的不同少数族群进行分门别类的探讨，还要将不同少数族群归纳为具有不同特点的几种类型，通过类型之间的比较来讨论不同少数族群大类中族群多样性、族际交往与社会信任之间的具体作用效应。本书在族群分类方面主要借鉴马戎教授将少数族群合并为八大类的学术思想[285]，在此基础上考虑到哈萨克族、柯尔克孜族与维吾尔族同处在新疆，在宗教信仰和体质特征方面比较相似，交往关系相对更密切[288]，满族与蒙古族因历史渊源亲近，族际文化融合度较高[289-290]，因此在样本分类方面还另外按照族群关系就近原则对维吾尔族与新疆其他信仰伊斯兰教的少数民族、满族与蒙古族分别进行了合并归类。最后形成了中国西部社会经济变迁调查数据中所涉及的（调查数据中没有涉及朝鲜族等族）西部地区五大少数族群（藏土等族、维吾尔等族、回族等族、满蒙等族、南方各族）的分类（见表 3－1）。

表 3-1 中国西部五大少数族群的具体分类情况

族群大类	调查数据中的具体族群
藏土等族	藏族、土族
维吾尔等族	维吾尔族、哈萨克族、柯尔克孜族
回族等族	回族、东乡族
满蒙等族	满族、蒙古族、达斡尔族
南方各族	壮族、侗族、布依族、傣族、水族、黎族、仡佬族、仫佬族、苗族、瑶族、京族、彝族、土家族、羌族、白族、哈尼族、拉祜族、纳西族

3.3.3 族群多样性指数的测量与计算

本书的核心自变量为族群多样性。在已有的关于族群多样性与社会信任关系的研究中，学者们或者笼统地将不同国家或地区内的族群数量作为自变量来考察不同地区的社会信任程度[52]，或者考察特定地区的某几个族群之间的社会信任状况[291]，或者探讨西方移民国家的少数族群与多数族群之间的信任关系状况[39]。其对族群多样性的操作化定义比较简略，即将族群特征从社会场景中抽离出来，或者以族群数量来呈现群体异质性，或者以族群人口比例来呈现不同族群的主从关系，所揭示的并不是具体时空中不同族群的多样性特征。而社区层面的不同族群的构成及异质性程度，对社会信任产生着不同的影响，因而如何呈现社区内部和社区之间的族群结构差异，成为实证研究中重点关注的问题。一些研究试图对此进行推进，以族群分化和族群集中程度来构建族群多样性指数并将其作为研究的解释变量[41]。这些对中国的相关研究提供了重要的参考。

中国作为多族群国家，不同族群的居住格局具有“大杂居、小聚居”的鲜明特点。一方面，各族群分散在不同的省区市，呈宏观层次的混合居住模式；另一方面，众多少数族群通常聚居在一县甚至一乡，形成微观层次的聚居模式。所以，不同族群各具特色的居住模式为检验族群多样性的差异如何影响社会信任提供了经验基础。就族群多样性的族群划分而言，已有研究有的是根据语言进行划分，有的是根据肤色或种族进行划分，还有的是根据宗教信仰进行划分。结合中国社会的现实和调查数据的状况，本书选择以族群身份作为族群划分的依据，因为这一身份主要关联到少数族群优惠等政策性的身份认同和识别[292]，然后用此指标计算出族群分化指标，其也是赫芬达尔-赫希曼指数（Herfindahl-Hirschman Index，HHI）的一种转化形式[293]。这一指数是一个用以测量某一地区产业集中度的指数。其计算方法是将某一个行业中的市场竞争主体占行业总收入或总资产的平方值进行加总。指数在 $1/n$ 到 1 之间变化，指数等于 1，表明市场完全被某家垄断企业所占据，指数接近或等于 0 时，则表明市场主体分散化程度高[294]。此计算方法被借鉴用于教育、职业、族群等领域的研究，用以反映某个具体社会空间中的不同行动主体间的异质性比例关系。这一指数在本质上反映的是某一地区随机抽取两个个体归属不同群体的概率，所以概率越高，表明此地区的族群越多样，即族群多样性程度越高。此指数的具体计算公式为

$$E = 1 - \sum_{i=1}^{k} s_{ij}^2$$

式中，s_{ij} 表示族群 i 在具体国家或地区 j 中的聚集程度，表示一个地区特定族群的集中程度。用 E 可以得出区域内不同族群的分散化或异质性程度，其指数取值范围为 0～1。0 代表 j 地区只有一个族群，即地区族群同质，没有其他族群存在；1 代表此地区有无限多个族群，几乎每个人之间都不同（当然这是一种极限情况）。在实际中，只要族群够多且每个族群的人数越一致，则 E 的取值会越接近于 1。比如，此地区有 1000 人，分别属于 1000 个族群，则 $E=1-(1/1000)^2\times 1000=1-1/1000=999/1000\approx 1$。由于本书关注的是社区层次的族群多样性，因此计算出了本书所涉及的 29 个族群分布在 572 个社区的族群多样性指数。

另外，依据文献回顾部分的理论分析，结合具体的经验和感受，可以从理论上预见族群多样性对社会信任的影响可能不是简单的线性关系，其真实的作用效应应当是因为族际交往的作用差异而存在一定的条件和限度[55]。为此，本书单独生成了一个新的变量——族群多样性指数的平方项，并将之纳入最终的分析模型。

通过对族群多样性指数和族群多样性指数平方项的建构，能够有效明确社区内部及社区之间不同族群的构成状况以及族群间日常互动的机会，明晰族群多样性对社会信任的影响是否存在曲线效应，这对于在社会结构框架下更为细致地确立社区族群多样性与社会信任的关系状况尤为必要。因此借鉴已有研究关于族群多样性的指数建构方法，准确识别社区的族群结构状况，是本书在实证研究思路上的一个主要出发点。

3.3.4 族际交往的分类与测量

本书的中介变量为族际交往。族际交往是社会交往的一种特殊形式，是具有不同文化背景的族群共同体间的交流与往来[67]。其中，族际交往意愿是形成亲密的私人关系与和谐的族际关系的重要因素，社会成员适应和融入多元文化浪潮的族际交往能力也是影响社会融合程度的重要因素[49]。本书因此将族际交往机制具体分为族际交往意愿和族际交往能力两个方面。

族际交往意愿是影响族际交往状况的直观要素，因为族际交往意愿意味着一个族群的个体成员对所交往族群的基本认知。在族际交往之前或者之中，不同族群成员对其他族群的生活方式、价值规范、文化理念产生了一系列认知，这一认知会影响和调控相应的族际交往行为。其中，族际通婚意愿更是决定族际交往状况的重要指标。因为族际通婚是影响族群边界和社会整合的重要因素，也是社会学研究的重要议题之一[295]。族际通婚不仅受到族群之间客观差异的影响，还会受到相关的社会、经济、文化等因素的影响。在测量族际社会距离或融合程度时，族际通婚程度是最为可观和敏感的指标。因为族际通婚意味着族际交往的深入和普遍，也意味着族际生活的和谐与融洽，所以众多研究将族际通婚的意愿或行为看作是测量不同族群相互信任的一个重要指标。基于此，本书用族际“心理距离”[49]来考察族际交往意愿程度，具体包括“愿意与其他族群的人聊天”“愿意与其他族群的人一起工作”“愿意与其他族群的人做邻居”“愿意与其他族群的人做亲密朋友”“愿意本人或者子女与其他族群的人通婚”，共五个有关聊天意愿、工作意愿、居住意愿、交友意愿、通婚意愿的指标体系。每个问题答案有“完全不”“不”“一般”“是”“完全是”五个等级，分别赋值 1～5 分。指标相加后，得出测量族际交往意愿的参考分数，得分越高，说明族际交往意愿越强。

族际交往能力是决定族际交往状况的客观要素。其中，语言是族际交往的纽带和桥梁，具有传承族群文化与情感、促进人际交流的双重意义。如果把语言当作一种全面沟通的媒介，通过各族群传统文化这一重要载体，互相交往的人们可以达到共同的语境[296]。语言的交流与融合是文化互动的重要组成部分，语言使用调查是研究族际关系的一个最基本的专题[297]。因此语言方面的族际交往能力可以被看作是一种不同族群形成共识的媒介和一种行为的协调机制，文化各异的族群可以借此达到共同的语境，提高族际交流的有效性，缩小族际文化的距离性，增进族际互动的可行性。另外，习俗方面的交流互动也是影响族际交往状况的重要因素。原因在于，文化本身就是一系列规范和准则，社会成员通过对文化的适应和接受所产生的行为也限于社会成员认为合适和可接受的变动范围之中[298]。在此过程中，与其他族群饮食、习俗、节庆或服饰等文化内容的交往，有利于消除刻板印象，形成客观、理性、成熟的族群认知。所以本书用

"能听懂当地其他族群的语言""能使用当地其他族群的语言对话""能书写当地其他族群的文字""能习惯当地其他族群的饮食""能适应当地其他族群的习俗""过当地其他族群的节日""日常也穿当地其他族群的服装"七个指标(问题答案都为"完全不""不""一般""是""完全是"五个等级①,分别赋值1～5分)的加总来测量族际交往能力。得分越高,说明族际交往能力越强。

3.3.5 控制变量的选取与测量

既有研究表明,对他人的信任状况会受到微观个体因素和宏观社区/社会因素的共同影响。为了确保更准确地估计出族群多样性对社会信任的具体影响,需要对其他因素及其干扰性影响予以控制,即将这些因素作为控制变量纳入分析模型。

首先,确定个体层次的控制变量。考虑到族群多样性通常与贫困和社会不平等联系在一起,所产生的经济剥夺对社会信任有着非常重要的影响[299],因此需要对被访者的个人年收入予以控制,其为被访者2009年总收入(单位为万元)。

其次,教育对社会成员的价值取向培养、社会态度形成、现代性塑造、信任建构等方面有着重要的作用。因为受教育程度越高的人往往具有更包容性的世界观,对其他族群持有更低程度的偏见和歧视[300]。一方面,教育是一种社会化的过程,社会成员通过正规或非正规的教育途径,认知社会生活,学习社会规范,培育社会观念,提升自我认知与个体意识,并塑造相应的价值取向、思维模式和生活方式。另一方面,教育影响社会成员的生活机遇和社会经历,使其对社会现象的评价、社会事件的认知有所差别,因而形成差异化的社

① 本题的选项除"完全不""不""一般""是""完全是"五个等级外还有"不适用"的选项,而且"不适用"选项所占样本量比较大。本书对比了加入"不适用"选项和去掉"不适用"选项的统计分析结果,发现统计分析结果基本一致,文中只展示去掉"不适用"选项的统计分析结果。

会态度。本书因此将教育水平纳入了控制变量。对教育水平的测量是通过计算得出被访者的受教育年限,将“没有受过任何教育”赋值为 0,将“私塾/扫盲班/小学未毕业”和“小学”赋值为 6,将“初中”赋值为 9,将“职业高中”“普通高中”“中专”“技校”赋值为 12,将“大学专科(成人高等教育)”和“大学专科(普通高等教育)”赋值为 15,将“大学本科(成人高等教育)”和“大学本科(普通高等教育)”赋值为 16,将“研究生及以上”赋值为 19,以此形成了取值范围为 0~19 的连续变量。

再次,考虑到社会信任的形成还会受到个体生源地的影响,即社会信任的形成还可以追溯到祖父母的信任文化和群体生活经历的影响[301]。城乡结构也在一定程度上关联着社会信任的形成与变化形态,对社会信任产生着重要的影响。与生源地相关的中国社会成员的户口所在地可以在一定程度上反映城乡生活结构和经历对社会信任的影响状况。本书因此对被访者的户口所在地进行了控制,将个体户口类型分为农村户口和城市户口两种类型,其中农村户口赋值为 0,城市户口赋值为 1。

此外,还控制了性别、年龄、婚姻状况这三个常见的人口学因素(性别变量中,女性赋值为 0,男性赋值为 1;年龄变量是指被访者在 2010 年的周岁年龄;婚姻状况变量中,未婚赋值为 0,同居、已婚、分居未离婚、离婚与丧偶赋值为 1)。

既有研究还表明,宏观层次的其他变量也会对社会信任产生一定的影响。比如,社会信任通常与所居住社区的收入水平与收入差距有关[37],因此,本书将被访者所在社区的收入水平和收入差距作为宏观层次的控制变量纳入模型。收入水平的测量是计算了被访者所在社区内家庭年收入的中值,收入差距的测量是计算了被访者所在社区内家庭年收入的标准差。

3.4 实证分析策略

本书首先运用相关分析方法对整体及不同族群大类的特殊信任、普遍信任、族际交往意愿、族际交往能力,以及族群多样性分别与特殊信任和普遍信任、族际交往意愿和族际交往能力之间的关系进行基本分析。其次,运用多层次混合效应线性回归模型,分析族群多样性对特殊信任和普遍信任的影响效应,以及族群多样性对族际交往意愿和族际交往能力的影响效应。最后,利用多层次一般化结构方程模型,分析族群多样性如何通过中介变量即族际交往意愿和族际交往能力对特殊信任和普遍信任产生影响。之所以使用多层次混合效应线性回归模型,核心原因在于族群多样性是一个宏观层次(社区层次)的变量,与处于微观个体层次的族际交往意愿和族际交往能力、特殊信任和普遍信任有所不同。之所以使用多层次一般化结构方程模型,核心原因在于本书关注的是不同的自变量、不同的中介变量和不同的因变量之间的不同关系,既要探讨族群多样性指数和族群多样性指数平方项对特殊信任和普遍信任的影响,还要探讨族际交往意愿和族际交往能力在其中的作用机制。

3.4.1 相关分析

在进行因果分析之前,本书先对不同族群大类的特殊信任、普遍信任、族际交往意愿、族际交往能力,以及族群多样性分别与特殊信任和普遍信任、族际交往意愿和族际交往能力之间的关系进行基本的分析。在实证分析之前主要运用方差分析、相关分析对变量之间的关系进行基本描述。这些分析都是基本的统计分析方法,所以在此不做过多阐述。

3.4.2 多层次混合效应线性回归模型

因为本书所关注的因变量特殊信任和普遍信任都是连续性变量,所以需要使用线性回归分析方法来估计和检验变量之间的作用关系。不过,由于不同被访者嵌入在特定的社区中,因此同一社区内的被访者之间会产生或多或少的联系和影响,即特殊信任和普遍信任在不同社区的截距不同,而这个截距会随着族群多样性(及其平方项)的变化而变化。这就使得无法再将这些被访者视为独立、随机的个体,从而传统的简单线性回归(单一层次的线性回归模型)对因果关系估计的有效性会降低;另外,既有实证研究表明,社区层面的因素如宏观的族群多样性、收入差距等因素会对社会信任产生重要影响[9]。在这种境况下,适合的分析方法应当是多层次混合效应线性回归模型(multi-level mixed-effects linear regression model,MMLRM)。相较于传统的回归分析,多层次分析能够建立关于各层内不同因素间的关系与各层间不同因素间关系的假设,并且还可以估计出某一因素的影响在各宏观单位(如不同社区)间的变化,从而剔除嵌入效应/层次效应所带来的统计偏误,以更加准确、有效地估计出自变量对因变量的作用效果。

在本书中,考虑到社区内个体的异质性(如不同的受教育程度)和社区间的异质性(如不同的族群多样性),结合相关研究经验,这里最终采用的是两层随机截距模型。具体形式如下。

第一层(个体层次):

$$Y_{ij} = \beta_{0j} + \sum_{k=1}^{n} \beta_{kj} X_{kij} + \varepsilon_{ij} \tag{3-1}$$

式中,Y_{ij} 是第 j 个社区的第 i 个居民在因变量(特殊信任或普遍信任程度)上的观测值;X_{kij} 是个体层次 n 个自变量(比如受教育程度)的取值;β_{0j} 是第 j 个社区的截距项,即自变量等于 0 时因变量的取值,下标代表不同社区在截距项的取值上有差异;ε_{ij} 是个体层次的随机误差项,表示在某一特定社区 j 中某一居民 i 在因变量取值上的随机变化部分。

第二层(社区层次):

$$\beta_{0j} = \gamma_0 + \sum_{p=1}^{m} \gamma_{0p} Z_{pj} + \mu_{0j} \tag{3-2}$$

$$\beta_{kj} = \gamma_k (k = 1,2,\cdots,n) \tag{3-3}$$

式(3-2)中的 γ_0 为总截距,即所有社区层次解释变量为 0 时族际交往的总体均值;Z_{pj} 表示第 j 个社区的 m 个社区层次变量(包括族群多样性、族群多样性平方项、收入差距)的取值,体现了社区层次变量对族际交往的影响;μ_{0j} 为社区层次的随机误差项,表示特殊信任或普遍信任的截距在不同社区的变异幅度。式(3-3)中的 γ_k 表示个体层次自变量 X_k 对特殊信任或普遍信任频率的影响大小即斜率不随社区而变化。

将式(3-2)和式(3-3)代入式(3-1)可得到本书所使用的最终模型式(3-4),即多层次的混合效应线性回归模型,其中随机误差项(μ_{0j} 和 ε_{ij})均假定服从正态分布且相互独立。

$$Y_{ij} = \gamma_0 + \sum_{p=1}^{m} \gamma_{0p} Z_{pj} + \sum_{k=1}^{n} \gamma_k X_{kij} + \mu_{0j} + \varepsilon_{ij} \tag{3-4}$$

式(3-4)表明:居民的特殊信任或普遍信任由三方面决定,一是个体层次和社区层次变量的影响(固定部分),二是来自社区层次的随机部分,三是来自个体层次的随机部分。

3.4.3 多层次一般化结构方程模型

族群多样性、族际交往与社会信任之间的作用关系状况是本书的核心内容。族群多样性既有可能对社会信任产生直接影响,也有可能通过族际交往对社会信任产生间接影响,这一方面表现为族群多样性程度决定了族际交往的形态,另一方面表现为族际交往形态又在一定程度上影响了社会信任程度。具体的分析框架如图3-2所示。

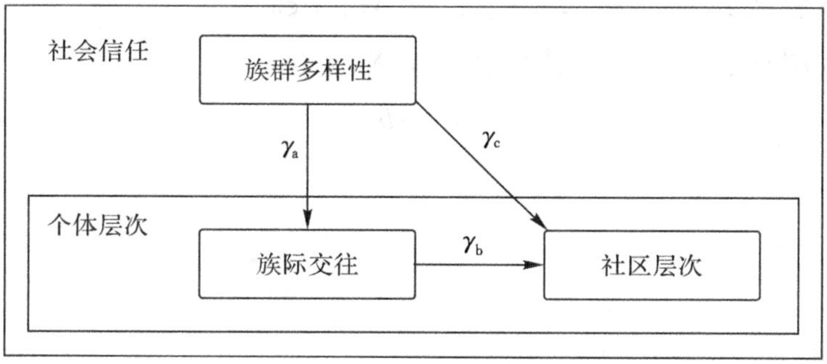

图 3-2　族群多样性、族际交往和社会信任的结构图示

如图 3-2 所示，本书探讨的自变量族群多样性在社区层次，中介变量族际交往和因变量社会信任在个体层次。Y 代表社会信任，M 代表中介变量即族际交往，X 代表族群多样性，加之前面的多层次模型设定为随机截距模型，因此这里需要使用多层次一般化结构方程模型（multi-level structural generalize equation model，MLGSEM）来进行后续的分析，具体为 MLGSEM 的随机截距模型。使用此方法的主要原因有三：第一，本书所需分析的是多层次一般化结构方程模型，在 Stata 中能够高效、准确地予以估计；第二，可以一次性估计出所有的路径系数，包括直接效应、间接效应的路径系数，较使用逐步线性回归的方法更高效；第三，针对每一个路径系数，可以同步输出其显著性水平的检验结果，而这是一般的方法或模型难以处理的。所有的分析使用 Stata14.0 软件完成。MLGSEM 的具体方程如下。

首先，估计 X 对 Y 的总效应，具体方程为

个体层次：$$Y_{ij}=\beta_{0j}^{1}+\varepsilon_{ij}^{1} \tag{3-5}$$

社区层次：$$\beta_{0j}^{1}=\gamma_{00}^{1}+cX_j+\mu_{0j}^{1} \tag{3-6}$$

其次，估计 X 对 M 的作用效应，具体方程为

个体层次：$$M_{ij}=\beta_{0j}^{2}+\varepsilon_{ij}^{2} \tag{3-7}$$

社区层次：$$\beta_{0j}^{2}=\gamma_{00}^{2}+aX_j+\mu_{0j}^{2} \tag{3-8}$$

最后，同时估计 X、M 对 Y 的作用效应，具体方程为

个体层次：$$Y_{ij}=\beta_{0j}^{3}+b_{j}M_{ij}+\varepsilon_{ij}^{3} \tag{3-9}$$

社区层次：$$\beta_{0j}^{3}=\gamma_{00}^{3}+c'X_{j}+\mu_{0j}^{3} \tag{3-10}$$

$$b_{j}=b \tag{3-11}$$

第4章

族群多样性与社会信任

对已有研究进行总结发现，社会信任可以有效加强族际团结、协调族际关系、促进族际合作，是多元族群社会中重要的整合力量之一[4]。但是随着社会的发展及经济、科技、交通等方面的进步，社会成员的跨区域流动变得更为容易和通畅，从而使得现代社会比以往任何时期都更加多元、多样，这对社会信任的形成与发展产生了严重冲击。在此背景下，本章关注的核心问题是：在中国西部地区，族群多样性的增加对社会信任产生了怎样的影响，以及这一影响在不同族群间是否存在差异。

本章的基本结构如下：首先，梳理已有的关于族群多样性和社会信任关系的研究，以及族群多样性影响社会信任的族群差异研究；其次，运用调查数据进行实证分析，探讨族群多样性对不同族群的社会信任的具体影响。

4.1 族群多样性与社会信任：三种学术观点

族群多样性对社会信任有着怎样的影响，目前在社会科学领域还众说纷纭、尚无定论，存在着相异的三种观点。

4.1.1 族群多样性降低社会信任

就族群多样性与社会资本及社会信任的关系而言，罗伯特·帕特南从“蜷缩理论”的视角曾明确表示：从长远来看，多样性是一项重要的社会财富；然而，从短期到中期来看，移民和族群多样性挑战了社会团结，抑制了社会资本，这种向更加多元社会的转变对社会信任产生了较强的消极影响。虽然总体上族群多样性不会产生“恶劣的族际关系”或族群意义上的群体敌意，但是会致使同一社区的居民倾向于退出集体生活，不信任他们的邻居，甚至退出亲密的朋友关系，参加义务活动、慈善项目和社区事务的频率也会更低，即罗伯特·帕特南所称的“蜷缩化”(hunker down/constrict theory)现象[9]。这说明族群多样性引发的可能并不是群体分裂，而是社会疏离。这一研究发现受到了广大媒体和政策制定者们的高度关注，为各国相关政策的辩论和研究提供了重要信息[302]。一些学者因此研究了与族群多样性相关的各种失范类型，认为族群多样性还容易导致其他方面的多样与失序。比如，族群多样性削弱了公共产品的生产与供应[303]，族群多样性在社会生活方面减少了人们的集体行动，降低了共同目标，增加了犯罪率等[244]。总体上，族群多样性所带来的语言和文化差异容易削弱交流与合作、降低互动与团结，不利于社会网络的构建，利他主义和团体互助的概率都很低，使得人们的朋友数量明显减少，这不仅增加了对其他族群信任的风险，也同样增加了对自己族群信任的风险。

还有一部分学者从“曝光效应”的视角强调，仅仅是居住或者生活于族群多样的地区，即嵌入于具有族群多样特征的环境中，人们的社会信任程度就会因此受到影响。这具体表现为，人们通常会根据居住环境中成员们的族群背景来做出是否信任的判断[231,255]，与外族群接触得越多，或者说遇见外族群成员的概率越高，社会信任程度越容易被削弱[41,304]。可以用相似性和同质性原理来解释这一现象，即正是由于人们与生俱来的偏好——倾向于和跟自身具有相似特质的人们打交道，族群多样性加强了族群内的交流互动，缩短了族群内的社会距离，但是降低了族群间的信任程度。也可以说，相似性孕育着联系性[250]，人们对异质性或外群体有着一种与生俱来的防备[37]，这会导致人们往往更容易相信那些与自己族群身份相同或相似的成员[235,305-306]。由于社会信任通常涉及的是对某些信念与行为方面的相似性特征的共享信心，因此人们对那些与自身不同的群体和成员的信任程度相对更低。尤其族群本来就是一个具有相似性特征的群体，所以当一个人置身于不具有相似性特征的多族群环境或邻里间，这种基于族群多样特征的社会信任就会相应降低。

除此之外，一些学者从“冲突理论”的视角强调，族群多样性增加了群体威胁感和群体竞争性，容易产生现实冲突，从而对社会信任产生消极影响。根据冲突理论，一定区域内的外族群规模的增加会影响到对稀缺的物质和非物质资源（如工作、住房、权力、安全）的竞争，这种感知到的竞争会增加群体威胁感，影响族际关系，容易导致普遍的不信任。社会信任的减弱会使人们更倾向于避免族际交往，这会进一步加剧不信任的危机。即由于对稀缺资源的争夺所产生的竞争和冲突，族群多样性通过影响群体威胁感影响到人们对待外群体的态度[307]，这种群体威胁感还会导致外群体偏见和内群体喜爱，增加内群体信任，但是降低外群体信任[308-309]。所以多样性社区中居民们的积极参与程度很低，尤其是那些不善于参与的人们，往往持有更强烈的反对种族融合的观点[310]。也可以说，族群多样性不利于形成社会凝聚力，社区的社会资本或社会信任程度往往会因为族群多样性的增加而降低[38]。相应地，在族群多样的团体组织中，组织凝聚力、组织绩效、员工满意度及组织信任程度都相应更低[311]。以上现象可以归因于在多样性的背景下，人们与具有其他种族或族群背景的人接触越多，就会越坚持“我们自己的”，就越不相信“他者”[247]。冲突理论总体强调族群多样性增强了内群体和外群体的区别，增强了群体内的团结和凝聚，增强了族群中心主义。即从短期效果来看，由于不同群体对有限资源的争夺，族群多样性增强了社会隔离，降低了社会团结和社会资本，降低了志愿活动和社会合作，意味着较低的团队凝聚力、较低的满意度、较低的公共资源投资率、较低的基础设施维护率、较高的违约率和较高的人员流动率，从而对社会信任产生了消极影响。

综合而言，已有的大部分研究主要强调的是族群多样性与社会信任之间的这种消极关系[111]。越来越多的研究也倾向于认为，国家、地区、社区等区域内拥有更多的族群以及社会经济、文化等方面多样性的增加，都容易导致诸如社会资本、社会合作、社会支持和社会信任建构方面的问题。

另外，还有研究认为族群多样性对社会信任的降低存在条件机制。这一观点的核心含义是，在特定空间环境下，族群多样性并不会必然地削弱社会信任，其中真正起作用的是其他因素，也就是说，族群多样性对社会信任的消极影响存在一定的条件机制。即族群多样性只有在其他分歧加强的时候才会对社会信任有消极影响[237]，或者族群多样性与社会信任的消极关系只是一种社会劣势或犯罪率高等事实的表象特征[234,312]。这一表面上的消极关系主要来自社会剥夺、边缘化或者犯罪猖狂的社会环境。这说明了经济不平等或者其他形式的社会劣势是社会信任降低的主要原因，这一原因也有可能被混淆于族群多样性与社会信任的关系效应之中。

通常情况下，族群多样性高的地区通常伴随着严重的经济不平等和低度的经济发展水平等问题[15,313]，所以族群多样性主要是通过不公平感和信息不对称对社会信任产生消极影响[46]。尤其与族群多样性相伴随的社会劣势，诸如个体低社会经济地位、收入差距分化、社会经济剥夺、高犯罪率等都会对社会信任造成消极影响。社会不平等程度越低，族群多样性对社会信任的消极影响也相应越小[314]。当一个社会的收入不平等现象比较少的时候，社会会形成一种强烈的命运共同体认知，经济冲突概率相对更低，人们会更加平和地对待其他族群或者移民成员，并将其视为道德共同体的一分子，从而减少了群体威胁感，降低了族群多样性对社会信任的消极影响。

有关移民与经济领域的族群多样性和社会信任关系的研究也表明，经济和政策条件对族群多样性与社会信任之间的关系具有显著的调节作用[315]。例如，与族群多样性相伴随的社会失范导致了一系列诸如犯罪等问题[316]，或者与族群多样性相伴随的失业导致了社会信任程度的降低[47]。有研究发现，族群多样性程度高的社区的社会团结和社会信任程度更低，不过，这主要是因为这些社区的社会经济地位较低，所以提高教育水平和就业比例就可以有效提升居民间的信任与协作程度[15,251]。当然，也有研究认为导致社会信任程度较低的真正原因是经济剥夺、缺少社会联系[234]，或者是城市层面的收入不平等与歧视相互作用，以及与之对应的贫穷和混乱，加剧了群体间的偏见和竞争，增强了无力感和不信任感，对个人与邻居进行社会活动的意愿和行为都有负面影响[256]。进一步而言，有学者认为降低社会信任程度的主要因素不是族群多样性，而是居住隔离或者社会隔离[13]。也就是说，居住在族群多样但是相对隔离的地区，参与具有实质意义的族际交往的机会非常少，这最终形成了群体威胁感，导致了社会信任程度的降低。

4.1.2　族群多样性未必降低社会信任

虽然大量的研究强调族群多样性对社会信任的消极影响，但是还有一些研究对此提出了质疑，认为族群多样性对社会信任没有影响或者对社会信任有积极影响。尤其是在美国以外的其他国家，所得出的有关族群多样性与社会信任关系的结论并不完全支持族群多样性降低社会信任这一观点。比如,有的研究指出,族群多样性未必会对所有的社会整合构成消极影响[45,234,251],有的研究认为族群多样性对社会信任的消极影响只作用于邻里间而没有作用于普遍意义上的信任[43],也有的研究强调这一消极关系在更广泛的层次上是不存在的[41]。还有的研究指出,人类对他人族群身份的关注这一倾向并不是一种稳定不变的特征,即同质性并不一定适用于所有的情况,族群多样性未必会对社会信任构成影响[317]。针对一些国家的族群多样性与社会信任的研究未发现消极关系的存在[318],在另一些国家相应的研究结果是混合的[319-320],在有些国家则发现了二者积极关系的存在[321]。还有的一些研究发现族群构成与社会信任之间或者没有联系,或者族群多样性对社会信任的消极影响非常小,尤其是在一些经济相对平等和少数族群得到更多认可和优惠的国家和地区[314]。

一部分研究证明了族群多样性与社会信任之间的积极关系[256]。自 20 世纪 50 年代开始,社会心理学家就提出了积极的论断:族群多样性削弱了内群体和外群体的区别,架起了社会资本的桥梁,增强了群体间的团结,有利于降低族群中心主义。如果我们与其他种族和族群的人们有更多的接触或交往,我们就会更加信任彼此[52]。根据这一理论,多样性有助于减少族群中心主义,有助于培养群体团结[235]。尤其在商业、教育等领域,多样性会激发更多的创造性[322]。基于这些研究,可以得出这样的结论:族群多样性促进了族群间的容忍和团结,有效地增加了创造性,有利于实现财政增长,对社会、经济、文化等方面的发展和进步带来了积极影响。因此,可以将族群多样性视为一种有效解决各种社会问题的重要资源,是一项宝贵的国家财富。

一些学者因此从“交往假说”的视角出发,认为族群多样性的增加未必会降低社会信任程度,强调族群多样性背景下的族际交往会对社会信任产生积极影响[257,323]。从这一视角来看，族群多样性促进了族际的容忍和团结，当人们与更多不同的人们有更多的接触时，人们会逐渐克服最初的犹豫和无知，逐渐转向信任彼此。也就是说，社会隔离和社会交往是解释族群多样性作用于社会信任的重要机制。在这个过程中，社会隔离或者缺少交往是社会信任程度降低的罪魁祸首，当交往去除社会隔离的效应之后，族群多样性对社会信任的消极影响消失了，甚至会对社会信任产生积极影响[16]。即族群多样性意味着更多的跨越群体界限的联系和交往，多样性背景下密切的个人关系有助于加强社会信任，这有利于构建更为广泛的社会资本。与具有其他族群背景的成员交往得越多，社会信任程度相应更高。相应的研究也指出，族群多样性对社会信任的消极作用只限于那些容易逃避交往的环境中（比如社区），但是在族际交往很难逃避且被大力支持的环境中（比如工作场所），族群多样性对社会信任具有积极作用[240]。其他研究也发现了族群多样性在高质量的交往环境中对社会信任具有积极影响，尤其多样性环境中的朋友网络对社会信任具有明显的提升作用[16,243]。一些研究还证明了族群多样性对制度信任的积极影响[324]。这说明族群多样性既有可能削弱社会信任，也有可能构建社会信任。

总之，目前有关族群多样性与社会信任关系的探讨，观点迥异、尚无定论，依然是一个没有形成共识的开放性议题。虽然大多数研究倾向于支持族群多样性对社会信任有消极影响这一结论，这一结论也相继在美国、加拿大、英国、澳大利亚等国家中得到证实，但是还有一少部分有关欧洲国家的研究发现族群多样性对社会信任有微弱或者有限负面影响，甚至认为族群多样性对社会信任存在一定程度的积极作用。这进一步引发了对族群多样性影响社会信任的国家、族群差异的原因思考，以及对潜在的作用机制的探索。

4.1.3 族群多样性对社会信任的影响存在族群差异

族群多样性影响社会信任的效应还有可能会因群体而异[9]。所以对这一关系的考察不得不考虑到不同的群体效应：也许女性比男性更倾向于选择多样化的生活方式，也许生活在贫困社区的人们比生活在富裕社区的人们对多样性更为敏感，也许老年人比年轻人更无法容忍多样性环境，也许保守派比自由派更反对多样性，也许移民比原住民对多样性更为欢迎。即族群多样性和社会信任的关系在男性和女性、贫困社区和富裕社区、老年人和年轻人、自由派和保守派、原住民和移民群体之间存在一定的差异。

族群多样性与社会信任关系的群体差异尤其表现在多数族群和少数族群之间。已有研究大部分是从多数族群的视角研究了族群多样性对社会信任的影响。但是，那些对比了少数族群和多数族群、原住民和移民的研究证明，族群多样性和社会信任的作用关系在两类群体中的表现非常不同，有时甚至是截然相反的[257,312]。例如，针对英国不同族群的研究发现，来自加勒比海和非洲的黑人，对自身种族群体的关注越多，则对邻居的信任会越低；但是，对于英国白人，若对邻里中自身族群的关注越多，则对邻居的信任度会越高[325]。这些研究结果说明，需要分别考察不同族群中族群多样性对社会信任的影响状况。

那么，是什么因素导致族群多样性对社会信任的影响机制和作用程度在不同族群间存在差异呢？梳理已有研究发现，核心观点认为差异来源于不同族群面临的族际交往机会的不同。通常来说，西方移民国家以一个大族群和对应的许多小族群为特点，因此，族群多样性低的地区常以多数族群为主，族群多样性高的地区常有很多移民或少数族群。其导致的结果是，族群多样性高的邻里间，本地多数族群与同族群成员交往的机会变得更少，而少数族群与同族群成员交往的机会则维持不变甚至变得更多。也就是说，族群多样性越高，多数族群遇到少数族群成员的机会越大，而少数族群遇到多数族群成员的机会越小；反之亦然[326]。

但是，已有研究主要关注或探讨的是西方社会，缺少针对中国社会的理论分析和实证研究。有关中国社会的族群多样性与社会信任的关系及其背后的作用机理，依然是一个值得关注而有待回答的问题。如果说西方国家族群多样性的背后是种族的不同、移民的流入等原因，那么中国社会在此方面与西方国家存在一定的差异。中国是一个拥有 56 个族群（而非种族）的多族群统一国家，族群之间在语言文化、宗教信仰、风俗习惯等方面存在一定差异。在此背景下，国家多年实行族群平等政策和少数族群区域自治制度，推行各种优惠政策来促进少数族群在教育、经济和文化方面的发展。尤其是中央的“西部大开发”战略以及大量的投资项目，一方面为西部产业的发展提供了活力，另一方面也为西部地区的社会经济和族际关系的转型带来了冲击和挑战[327]。并且，随着改革开放进程的不断深化，中国出现了大规模的跨区域流动人口，西部地区农村劳动力进城务工构成了劳动转移的重要组成部分。总的来说，这些宏观方面的举措，在一定程度上促进了不同族群的交流，提升了各族群的融合，有利于形成“大杂居、小聚居”的居住模式。一般而言，虽然在农村地区常有族群聚族而居的情况，即族群之间居住界限分明，形成了紧邻而居或相距甚远的居住隔离模式，但是在城市地区不同族群居民在同一区域内的空间分布已逐渐打破聚族而居的状态，其主要是根据收入、职业、交通等非族群因素来选择居住位置，形成了一种混杂居住模式[328]。综上所述，在族群种类、居住模式、时代背景等方面，中国与西方国家（尤其是移民国家）存在一定差异。这种独特的社会背景，更要求在考察族群多样性对社会信任的具体影响时，应该区分出不同类型的族群，分析和比较具体影响机制在不同族群大类之间的异同。

但是与国外关于族群与信任的丰富研究相比，国内的相关研究才刚刚起步。已有研究注意到族群多样性对经济增长、贫困治理与社会发展的影响作用[29-30,329]，指出我国不同地区的社会信任水平与地域文化关联不大，而主要与人们之间的经济交易程度和教育水平有关[180]，与地区内部的人口规模结构、社会交往取向和人际关系网络具有密切关系[24]。虽然已有研究在理论分析上注意到社会信任对于民族团结与社会统一有重要作用[25,27]，但对我国多元族群与社会信任之间的经验研究还比较缺乏，为数不多的研究主要是对特定族群之间的信任关系模式进行探究[23]，而没有触及社区层面的族群多样性与社会信任的关系。考虑到我国多元族群构成的基本国情，少数族群在空间分布上具有“大杂居、小聚居”的总体特征和西部地区相对集中的区域特征，特别是西部大开发以来，少数族群在城乡和不同地区的流动因城市化进程而不断加快[330-331]，不同族群之间的交往互动日益密切频繁，因此，西部多元族群地区的社会信任研究，对于探索我国多元族群关系和社会团结稳定具有重要的现实意义。

基于此，本章旨在探讨中国西部地区的族群多样性对社会信任的影响。已有研究的主流观点从理论上强调族群多样性对内群体信任和外群体信任都存在降低作用[9,276-277]，本书因此分别考察整体中族群多样性对特殊信任和普遍信任的具体影响，对比汉族和少数族群整体中族群多样性对特殊信任和普遍信任的具体影响，另外对少数族群大类间的具体效应也进行比较。

4.2 族群多样性影响社会信任的实证分析

4.2.1 变量描述

1. 特殊信任与普遍信任的整体情况及族际差异

在分析族群多样性与社会信任的关系之前，首先需要考察社会信任在整体和不同族群大类中的整体状况。图 4-1 展示了中国西部地区整体及不同族群大类的特殊信任和普遍信任状况。基于总样本的分析发现，特殊信任的均值为 7.99，普遍信任的均值为 4.76，特殊信任程度远远高于普遍信任程度。这与已有的理论与实证分析结果基本相符，即中国社会的信任主要表现于具有亲密关系的熟人之间，对陌生人或整体社会的普遍信任程度则相对较低[36,95]。

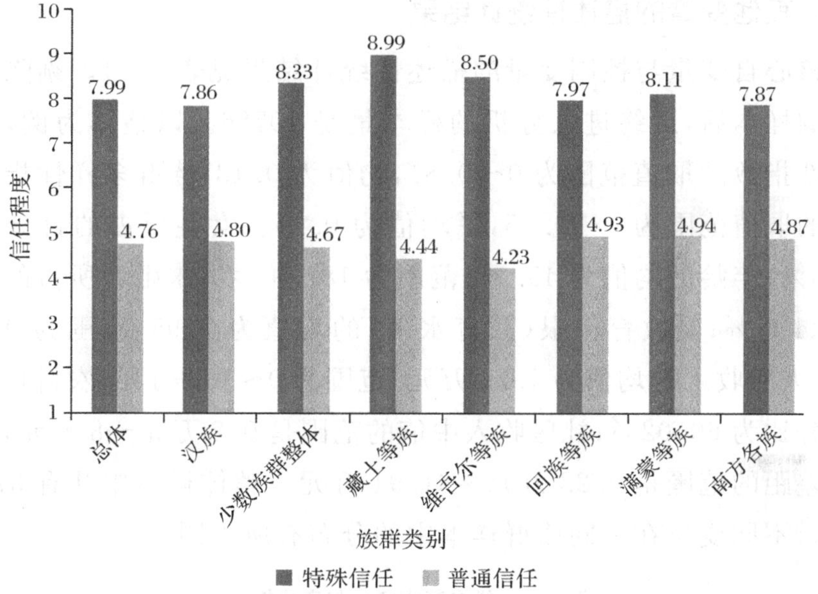

图 4－1　中国西部地区各族群的特殊信任与普遍信任均值的柱状图

就汉族与少数族群整体的特殊信任和普遍信任对比发现，少数族群整体的特殊信任程度（均值为 8.33）高于汉族的特殊信任程度（均值为 7.86），但是汉族的普遍信任程度（均值为 4.80）高于少数族群整体的普遍信任程度（均值为 4.67）。这说明汉族的普遍信任程度相对更高，少数族群的特殊信任程度相对更高。

就各少数族群大类而言，不同少数族群的特殊信任和普遍信任均值存在一定差异。其中，藏土等族和维吾尔等族的特殊信任程度（均值分别为 8.99 和 8.50）最高，而普遍信任程度最低（均值分别为

4.44和4.23)。回族等族、满蒙等族和南方各族的特殊信任程度相对较低且比较接近(均值分别为7.97、8.11和7.87),普遍信任程度相对较高且比较接近(均值分别为4.93、4.94和4.87)。不同族群间特殊信任与普遍信任均值所存在的差异表明,有必要对族群多样性影响特殊信任与普遍信任的族群差异效应展开进一步的分析。

2. 其他变量的描述性统计结果

核心自变量与控制变量的描述性统计结果见表4-1。剔除有缺失值的样本后,最终进入分析的样本量是10586。以整体为例,族群多样性指数的取值范围为0～0.81,均值为0.13;族群多样性指数平方项的取值范围为0～0.65,平均值为0.05。女性所占的百分比为49.08%;年龄的均值为45.13,范围为18～99岁;未婚者所占的百分比为9.48%;受教育年限(教育水平)的均值为7.95,范围为0～19年;个人年收入的均值为1.24万元,范围为0～150万元;农村户口所占百分比为60.02%;社区收入中值的范围是0.2万元～8万元,社区收入差距的范围是0.22万元～61.94万元。整体样本中共有572个社区。不同变量在不同族群样本中的分布有所不同。

表4-1 样本基本情况与变量描述

变量	取值范围	整体(10586)	汉族(7666)	少数族群整体(2920)	藏土等族(946)	维吾尔等族(331)	回族等族(490)	满蒙等族(172)	南方各族(981)
		均值(标准差)或百分比							
因变量									
特殊信任	2～10	7.99 (1.50)	7.86 (1.46)	8.33 (1.54)	8.99 (1.21)	8.50 (1.53)	7.97 (1.47)	8.11 (1.42)	7.87 (1.64)
普遍信任	2～10	4.76 (1.52)	4.80 (1.49)	4.67 (1.59)	4.44 (1.60)	4.23 (1.52)	4.93 (1.59)	4.94 (1.60)	4.87 (1.53)
核心自变量									
族群多样性指数	0～0.81	0.13 (0.18)	0.11 (0.16)	0.18 (0.21)	0.08 (0.14)	0.13 (0.23)	0.23 (0.21)	0.37 (0.15)	0.24 (0.22)

续表

变量	取值范围	整体(10586)	汉族(7666)	少数族群整体(2920)	藏土等族(946)	维吾尔等族(331)	回族等族(490)	满蒙等族(172)	南方各族(981)
		均值(标准差)或百分比							
族群多样性指数平方项	0～0.65	0.05 (0.09)	0.04 (0.08)	0.08 (0.12)	0.02 (0.07)	0.07 (0.14)	0.10 (0.13)	0.16 (0.12)	0.11 (0.13)
控制变量									
女性	0～1	49.08%	50.61%	45.07%	42.60%	40.79%	52.45%	52.91%	43.83%
年龄/岁	18～99	45.13 (14.70)	46.11 (14.89)	42.56 (13.88)	42.41 (13.88)	39.83 (13.12)	41.14 (14.57)	43.98 (14.70)	44.09 (13.42)
未婚	0～1	9.48%	9.61%	9.14%	11.73%	6.34%	8.16%	11.05%	7.75%
教育水平/年	0～19	7.95 (4.50)	8.61 (4.28)	6.24 (4.63)	3.08 (4.03)	8.01 (3.13)	6.41 (4.71)	9.88 (4.09)	7.96 (3.87)
农村户口类型	0～1	60.02%	52.91%	78.70%	86.05%	86.40%	66.12%	45.35%	81.14%
个人年收入/万元	0～150	1.24 (2.96)	1.33 (3.31)	1.01 (1.71)	1.00 (1.59)	0.85 (1.54)	0.87 (1.82)	1.51 (1.82)	1.07 (1.78)
社区收入中值/万元	0.2～8	2.12 (1.21)	2.26 (1.23)	1.77 (1.11)	1.68 (1.01)	1.51 (0.91)	1.86 (1.40)	2.48 (0.97)	1.77 (1.07)
社区收入差距/万元	0.22～61.94	2.91 (4.96)	3.04 (5.40)	2.56 (3.56)	2.51 (2.92)	1.70 (3.76)	3.03 (4.80)	3.33 (3.30)	2.53 (3.32)
社区数量/个	1～572	572	487	332	57	38	98	65	133

以下对族群多样性影响社会信任的效应进行多层次混合效应线性回归模型分析，先分析族群多样性影响特殊信任的具体效应，然后分析族群多样性影响普遍信任的具体效应。

4.2.2　族群多样性影响特殊信任的实证分析结果

首先，需要从数理上判定是否需要使用多层次回归分析，即查看核心判定指标——零模型的 ICC 值即组内相关系数(或称为 ρ 值)。零模型的 ICC 值为在不纳入任何自变量的情况下，因变量的总变异可以由组间即社区间的不同所能解释的比例，所以此值越高，表明越不能忽视社区间的差异，即越需要使用多层次模型进行估计，一般来说，此比例大于0.059则表明必须使用多层次分析[332]。由表4-2的最后一行可见，除了回族等族、满蒙等族样本，其他族群样本的零模型ICC值均超过0.059。针对回族等族、满蒙等族样本，使用单一层次的线性回归模型重新进行了分析，发现与使用多层次线性回归模型的结果非常相近，为了方便直观比较，这里依然展示其多层次线性回归模型的分析结果。

表4-2 特殊信任影响因素的多层次混合效应线性回归模型分析结果

变量	模型1	模型2	模型3	模型4	模型5	模型6	模型7	模型8
	整体	汉族	少数族群整体	藏土等族	维吾尔等族	回族等族	满蒙等族	南方各族
个体层次								
性别（女性=0）	0.157***	0.149***	0.129**	0.120	0.245	−0.042	0.638***	0.022
	(0.029)	(0.034)	(0.056)	(0.079)	(0.162)	(0.141)	(0.209)	(0.111)
年龄	0.008***	0.009***	0.011***	0.008***	0.015**	0.015***	0.002	0.018***
	(0.001)	(0.001)	(0.002)	(0.003)	(0.007)	(0.006)	(0.009)	(0.004)
婚姻（未婚=0）	−0.021	0.005	−0.143	−0.174	0.195	0.055	0.063	−0.168
	(0.054)	(0.064)	(0.100)	(0.132)	(0.342)	(0.261)	(0.354)	(0.208)
教育水平	−0.004	0.009*	−0.020***	−0.015	−0.043	−0.008	−0.042	0.021
	(0.004)	(0.005)	(0.008)	(0.011)	(0.028)	(0.019)	(0.033)	(0.016)
户口类型（农村=0）	−0.148***	−0.135***	−0.148*	−0.306**	0.235	−0.064	−0.030	−0.247
	(0.043)	(0.048)	(0.084)	(0.131)	(0.269)	(0.174)	(0.273)	(0.165)
个人年收入	−0.008	−0.010*	0.005	−0.015	−0.099*	0.046	0.134**	−0.005
	(0.005)	(0.005)	(0.017)	(0.026)	(0.059)	(0.039)	(0.065)	(0.031)
社区层次								
社区收入中值	−0.046**	−0.019	0.005	0.104	−0.221	−0.069	−0.334**	0.019
	(0.023)	(0.023)	(0.042)	(0.065)	(0.153)	(0.060)	(0.130)	(0.073)
社区收入差距	−0.007	−0.005	−0.019	−0.016	−0.033	−0.006	−0.033	−0.025
	(0.005)	(0.005)	(0.013)	(0.020)	(0.025)	(0.016)	(0.032)	(0.023)
族群多样性指数	−1.778***	−1.180**	−4.568***	−2.412**	−6.401***	−2.080*	−3.237	−3.476***
	(0.438)	(0.471)	(0.673)	(1.183)	(1.691)	(1.170)	(2.943)	(1.067)
族群多样性指数平方项	2.398***	1.708*	5.688***	3.398	9.730***	3.565*	6.015	3.709**
	(0.872)	(1.003)	(1.186)	(2.438)	(2.676)	(1.841)	(3.857)	(1.885)

续表

变量	模型 1	模型 2	模型 3	模型 4	模型 5	模型 6	模型 7	模型 8
	整体	汉族	少数族群整体	藏土等族	维吾尔等族	回族等族	满蒙等族	南方各族
常数项	7.876***	7.485***	8.437***	8.767***	8.531***	7.646***	9.070***	7.542***
	(0.087)	(0.101)	(0.151)	(0.200)	(0.482)	(0.342)	(0.734)	(0.316)
随机效应部分								
SD(常数)	0.503	0.424	0.440	0.247	7.10e-07	0.201	5.41e-12	0.244
SD(残差)	1.380	1.379	1.363	1.147	1.363	1.416	1.286	1.513
SD(社区收入中值)	7.76e-09	2.08e-08	9.64e-09	0.041	0.176	0.019	1.95e-12	4.59e-11
SD(社区收入差距)	2.12e-10	2.41e-08	0.017	1.01e-07	1.94e-08	1.30e-12	4.17e-13	0.021
SD(族群多样性指数)	3.56e-06	0.00003	0.990	1.125	1.63e-07	4.26e-10	1.37e-11	1.093
SD(族群多样性指数平方项)	1.191	1.773	0.008	4.10e-09	1.14e-06	1.90e-09	6.67e-13	0.951
样本量	10586	7666	2920	946	331	490	172	981
组(社区)数	572	487	332	57	38	98	65	133
零模型的 ICC 值	0.254	0.109	0.212	0.077	0.169	0.057	0.049	0.130

注：* 表示 $p<0.05$，** 表示 $p<0.01$，*** 表示 $p<0.001$。

其次，查看整体样本中族群多样性影响特殊信任的具体效应。表 4－2 的模型 1 显示，整体来看，族群多样性指数影响特殊信任的回归系数为－1.778，显著性水平为 0.001；族群多样性指数平方项影响特殊信任的回归系数为 2.398，显著性水平为 0.001。两者组合起来共同表明，随着族群多样性水平的上升，特殊信任程度先下降后提升，呈现出 U 形变化模式①。通过数学计算得出 U 形模式的拐点（底点）为 0.37。即当族群多样性指数小于 0.37 时，随着族群多样性的增加特殊信任不断降低；但是当族群多样性指数大于 0.37 时，随着族群多样性的增加特殊信任不断上升。其背后的现实含义是，当特定区域内的族群多样性程度很低或很高时，特殊信任水平都比较高，然

① 本研究为了检验族群多样性对社会信任的 U 形影响效应会不会在 U 形的末端（族群多样性的最高处）又产生下降的趋势，在实证分析的过程中还尝试另外加入族群多样性立方项的影响，分析结果表明族群多样性立方项对社会信任的影响并不明显。这进一步验证了，在中国西部地区，族群多样性对社会信任的影响确实是一种比较稳定的 U 形模式。

而在族群多样性处于中间状态的社区，其特殊信任水平却最低。

再次，对比汉族和少数族群整体中族群多样性影响特殊信任的效应。表 4-2 的模型 2 显示，在汉族中，族群多样性指数影响特殊信任的回归系数为－1.180，显著性水平为 0.01；族群多样性指数平方项影响特殊信任的回归系数为 1.708，显著性水平为 0.05。两者组合起来表明，族群多样性对汉族的特殊信任的影响呈现出 U 形模式，通过数学计算得出 U 形模式的拐点为 0.35。模型 3 显示，在少数族群整体中，族群多样性指数影响特殊信任的回归系数为－4.568，显著性水平为 0.001。族群多样性指数平方项影响特殊信任的回归系数为 5.688，显著性水平为 0.001，综合说明族群多样性对少数族群整体的特殊信任的影响也呈现出 U 形模式效应，通过数学计算得出 U 形模式的拐点为 0.40。这说明族群多样性对特殊信任的影响在汉族和少数族群整体中都呈现出 U 形模式效应，拐点分别为 0.35 和 0.40。

最后，对比少数族群大类中族群多样性影响特殊信任的效应。表4-2的模型 4～8 显示，在维吾尔等族、回族等族、南方各族中，族群多样性对特殊信任的影响也表现出 U 形模式(拐点值依次为 0.33、0.29、0.47)。在藏土等族中，族群多样性指数影响特殊信任的回归系数为－2.412，显著性水平为 0.01，但是族群多样性指数平方项影响特殊信任的回归系数没有通过显著性检验，说明族群多样性对特殊信任的影响在藏土等族中呈线性降低模式，即族群多样性程度越高，藏土等族的特殊信任程度越低。在满蒙等族中，族群多样性指数和族群多样性指数平方项影响特殊信任的回归系数都没有通过显著性检验，说明族群多样性的增加对满蒙等族的特殊信任没有显著影响。

以上结果说明族群多样性对整体、汉族和少数族群整体的特殊信任都呈现出 U 形模式影响效应，U 形模式的拐点存在差异。在不同的少数族群大类中，族群多样性对特殊信任的影响模式呈现出一定差异。依据表 4－2 的结果，画出了族群多样性与特殊信任在整体及不同族群中的数学关系，具体如图 4－2 所示。

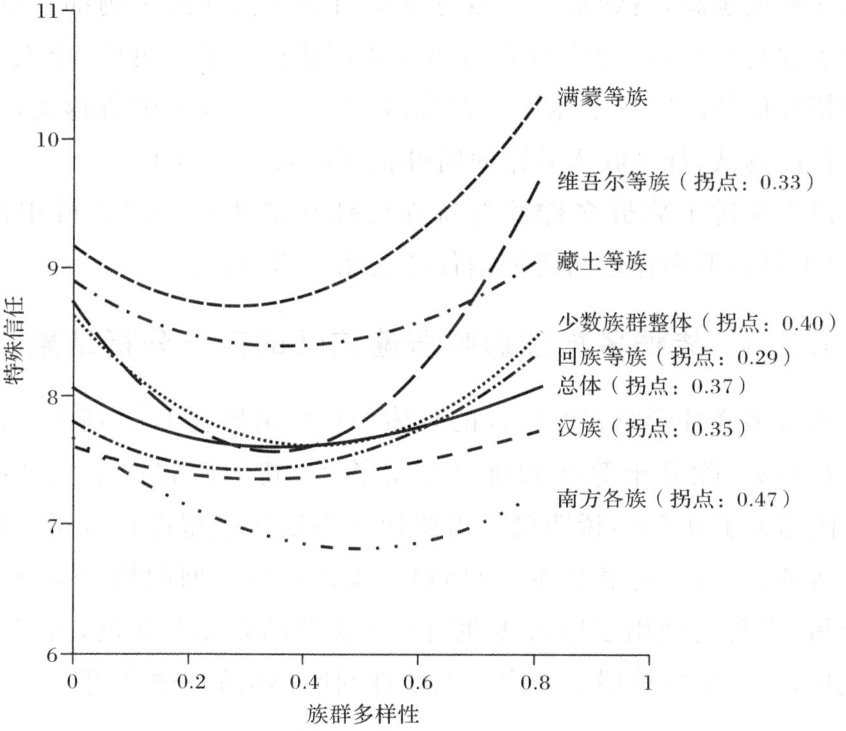

图 4－2　族群多样性影响特殊信任的模式图示

另外，随机效应部分和控制变量效应也值得关注。首先，SD(族群多样性指数)是族群多样性对特殊信任程度的截距的影响中随着社区的不同而随机变化的部分，意即影响大小在不同社区间的变异程度。以全样本的模型 1 为例，族群多样性指数对特殊信任程度截距的影响中的随机部分很小(总变化只有 3.56e-06)，这表明族群多样性指数对基本的特殊信任水平(即截距)的影响程度对于所有社区而言几乎是一致的，即变异很小。但族群多样性指数平方项对特殊信任程度截距的影响中的随机部分很大(总变化为 1.191)，这表明族群多样性指数平方项对基本的特殊信任水平(即截距)的影响程度在不同社区有较大的差异，即变异较大。其次，控制变量方面，以总样本为例，在个体层次，男性的特殊信任程度高于女性；年龄越长者，其特殊信任程度越高；婚姻状况和教育水平对特殊信任的影响都不显著；相对于农村户口，城市户口人们的特殊信任程度显著更低；个人年收入对特殊信任的影响不显著。在社区层次，社区收入中值越大，特殊信任程度越低；社区收入差距对特殊信任的影响不显著。

以上探讨了族群多样性与特殊信任在整体及不同族群中的关系，以下对族群多样性与普遍信任的关系做出分析。

4.2.3　族群多样性影响普遍信任的实证分析结果

族群多样性影响普遍信任的具体分析结果如表 4－3 所示。由最后一行可见，除藏土等族和维吾尔等族外，其他所有样本模型中的 ICC 值均大于 0.059，说明确实需要使用多层次模型进行分析。针对藏土等族、维吾尔等族样本，使用单一层次的线性回归模型重新进行了分析，发现与使用多层次线性回归模型的结果非常相近，为了方便直观比较，这里依然展示其多层次线性回归模型的分析结果。

表 4－3　普遍信任影响因素的多层次混合效应线性回归模型分析结果

变量	模型 1	模型 2	模型 3	模型 4	模型 5	模型 6	模型 7	模型 8
	整体	汉族	少数族群整体	藏土等族	维吾尔等族	回族等族	满蒙等族	南方各族
个体层次								
性别（女性＝0）	0.134***	0.148***	0.117*	0.051	0.097	－0.056	0.431*	0.207*
	(0.030)	(0.035)	(0.061)	(0.106)	(0.170)	(0.148)	(0.247)	(0.106)
年龄	0.012***	0.013***	0.011***	0.008**	0.009	0.011*	－0.003	0.014***
	(0.001)	(0.001)	(0.002)	(0.004)	(0.007)	(0.006)	(0.010)	(0.004)
婚姻（未婚＝0）	－0.162***	－0.222***	0.007	0.074	0.072	0.216	0.021	－0.205
	(0.056)	(0.066)	(0.109)	(0.177)	(0.357)	(0.273)	(0.415)	(0.199)
教育水平	0.024***	0.027***	0.015*	－0.002	0.015	0.026	－0.026	0.032**
	(0.004)	(0.005)	(0.008)	(0.014)	(0.030)	(0.020)	(0.039)	(0.016)

续表

变量	模型 1	模型 2	模型 3	模型 4	模型 5	模型 6	模型 7	模型 8
	整体	汉族	少数族群整体	藏土等族	维吾尔等族	回族等族	满蒙等族	南方各族
户口类型(农村=0)	−0.012	−0.042	0.008	−0.039	0.202	−0.271	−0.008	0.037
	(0.043)	(0.048)	(0.090)	(0.173)	(0.278)	(0.195)	(0.325)	(0.155)
个人年收入	0.015***	0.015***	0.006	−0.010	0.077	0.078*	−0.025	−0.022
	(0.005)	(0.005)	(0.018)	(0.035)	(0.059)	(0.041)	(0.076)	(0.030)
社区层次								
社区收入中值	−0.044**	−0.031	−0.089**	−0.062	−0.196	−0.130	−0.032	−0.041
	(0.020)	(0.022)	(0.042)	(0.072)	(0.132)	(0.090)	(0.160)	(0.065)
社区收入差距	−0.005	−0.004	−0.016	−0.018	−0.042	−0.023	−0.035	−0.023
	(0.005)	(0.005)	(0.011)	(0.023)	(0.030)	(0.021)	(0.039)	(0.016)
族群多样性指数	−1.019***	−1.289***	−0.152	0.283	−2.638	−1.860	0.158	−2.107**
	(0.371)	(0.410)	(0.641)	(1.211)	(1.631)	(1.540)	(3.592)	(0.961)
族群多样性指数平方项	1.928***	2.105***	1.195	2.368	6.490**	4.238*	2.774	2.244
	(0.719)	(0.802)	(1.094)	(2.396)	(2.551)	(2.556)	(4.707)	(1.547)
常数项	4.235***	4.256***	4.166***	4.084***	3.799***	4.534***	4.860***	4.451***
	(0.085)	(0.102)	(0.159)	(0.254)	(0.502)	(0.373)	(0.882)	(0.307)
随机效应部分								
SD(常数)	0.395	0.381	0.414	0.238	7.83e-11	0.307	0.338	0.352
SD(残差)	1.453	1.431	1.501	1.550	1.443	1.443	1.488	1.456
SD(社区收入中值)	9.23e-06	0.00005	0.052	0.00003	4.25e-10	0.131	1.42e-08	0.00003
SD(社区收入差距)	4.07e-09	1.34e-08	3.90e-10	9.51e-10	1.33e-09	6.44e-07	1.82e-10	2.61e-08
SD(族群多样性指数)	0.0005	0.00006	2.05e-06	0.689	0.775	1.013	3.32e-08	0.001
SD(族群多样性指数平方项)	0.722	0.0004	0.899	1.36e-07	7.22e-06	0.825	1.98e-07	0.599
样本量	10586	7666	2920	946	331	490	172	981
组(社区)数	572	487	332	57	38	98	65	133
零模型的 ICC 值	0.076	0.067	0.101	0.048	0.054	0.165	0.096	0.071

注：* 表示 $p<0.05$，** 表示 $p<0.01$，*** 表示 $p<0.001$。

首先,分析整体中族群多样性对普遍信任的影响。表 4－3 的模型 1 显示,整体来看,族群多样性指数影响普遍信任的回归系数为－1.019,显著性水平为 0.001;族群多样性指数平方项影响普遍信任的回归系数为 1.928,显著性水平为 0.001。这综合说明族群多样性对普遍信任的影响在整体中也是 U 形模式,通过数学计算得出 U 形的拐点为 0.26。这说明,在整体中,当族群多样性指数小于 0.26 时,随着族群多样性的增加,普遍信任不断下降,但是当族群多样性指数大于 0.26 时,随着族群多样性的增加,普遍信任会不断提高。其背后的现实含义是,当特定区域内的族群多样性程度很低或很高时,普遍信任水平都比较高,普遍信任程度最低处为族群多样性处于中间状态的社区。

其次,对比汉族和少数族群整体中族群多样性对普遍信任的影响效应。表 4－3 的模型 2 显示,族群多样性指数和族群多样性指数平方项对汉族的普遍信任的影响系数分别是－1.289 和 2.105,显著性水平都是 0.001。这综合说明在汉族中族群多样性对普遍信任的影响也是 U 形模式,通过数学计算得出 U 形模式的拐点为 0.31。在少数族群整体中,模型 3 显示,族群多样性指数影响普遍信任的回归系数为－0.152,族群多样性指数平方项影响普遍信任的回归系数为 1.195,但是都没有通过显著性检验。这说明族群多样性对少数族群整体的普遍信任的影响不显著。即族群多样性对普遍信任的影响主要在汉族中呈现为 U 形模式,在少数族群整体中普遍信任所受到的族群多样性的影响并不明显。

最后,对比不同少数族群大类中族群多样性影响普遍信任的具体效应。表 4－3 的模型 4～8 显示,族群多样性指数和族群多样性指数平方项对藏土等族和满蒙等族的普遍信任的影响系数都没有通过显著性检验。族群多样性指数对维吾尔等族和回族等族的普遍信任的影响系数分别为－2.638 和－1.860,但是都没有通过显著性检验，而族群多样性指数平方项对维吾尔等族和回族等族的普遍信任的影响系数为 6.490 和 4.238，显著性水平分别为 0.01 和 0.05，这同样也可以视为 U 形模式，计算得出 U 形的拐点分别为 0.20 和 0.22。而在南方各族中，族群多样性对普遍信任的影响呈现出线性降低模式（族群多样性指数的影响系数为 −2.107，显著性水平为 0.01；族群多样性指数平方项的影响系数未通过显著性检验）。为了更清晰地展现族群多样性对普遍信任的影响，依据表 4 - 3 的结果画出了族群多样性与普遍信任在整体及不同族群中的数学关系，具体如图 4 - 3 所示。

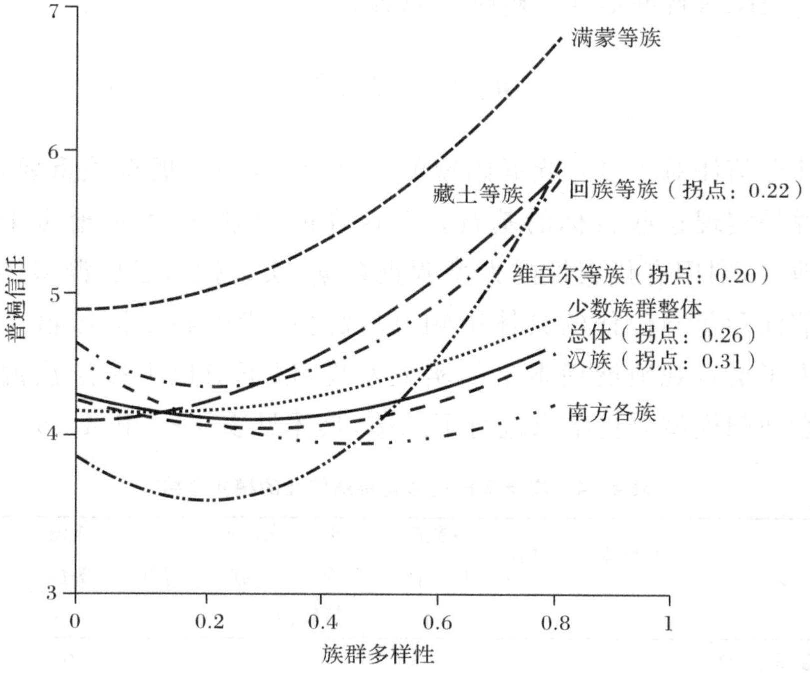

图 4 - 3　族群多样性影响普遍信任的模式图示

另外，随机效应部分和控制变量显示，以全样本的模型 1 为例，族群多样性指数对普遍信任程度截距的影响中的随机部分很小（总变化只有 0.0005，约等于 0），表明族群多样性对基本的普遍信任水平

(即截距)的影响程度对于所有社区而言几乎是一致的,即变异很小。但族群多样性指数平方项对普遍信任截距的影响中的随机部分比较大(总变化为0.722),这表明族群多样性指数平方项对基本的普遍信任水平(即截距)的影响程度在不同社区有较大的差异,即变异较大。在控制变量方面,以总样本为例,在个体层次,男性的普遍信任程度高于女性;年龄越长者,其普遍信任程度越高;已婚者的普遍信任程度低于未婚者的普遍信任程度;受教育年限越长,普遍信任程度越高;户口类型对普遍信任的影响不显著;个人年收入越高,普遍信任程度越高。在社区层次,社区收入中值越高,普遍信任程度越低;社区收入差距对普遍信任的影响不显著。

4.3 小结

社会信任对于多元族群国家的团结、融合与发展至关重要,甚至可以说是实现这些目标的基石。在这样的背景下,本章聚焦于中国西部地区,利用有代表性的大型调查数据,实证探讨了族群多样性对特殊信任和普遍信任的具体影响,以及这一影响在不同族群中的异同。为了更直观地展现本书的实证发现,以下对以上多层次混合效应线性回归模型分析结果进行了总结,具体见表4-4和4-5。

表4-4 族群多样性影响特殊信任的模式总结

变量	整体	汉族	少数族群整体	藏土等族	维吾尔等族	回族等族	满蒙等族	南方各族
	特殊信任							
族群多样性指数	—	—	—	—	—	—	0	—
族群多样性指数平方项	+	+	+	0	+	+	0	+
综合影响模式	U	U	U	线性降低	U	U	0	U
U形拐点	0.37	0.35	0.40		0.33	0.29		0.47

注:"+"表示正效应,"—"表示负效应,"0"表示影响效果不显著。

表 4-5　族群多样性影响普遍信任的模式总结

变量	整体	汉族	少数族群整体	藏土等族	维吾尔等族	回族等族	满蒙等族	南方各族
	普遍信任							
族群多样性指数	－	－	0	0	0	0	0	－
族群多样性指数平方项	＋	＋	0	0	＋	＋	0	0
综合影响模式	U	U	0	0	U	U	0	线性降低
U 形拐点	0.26	0.31			0.20	0.22		

注："＋"表示正效应，"－"表示负效应，"0"表示影响效果不显著。

1. 主要结论

整体来看，族群多样性的不断增加对特殊信任与普遍信任的影响都呈现出先降低后提升的趋势，即 U 形模式。其背后的现实含义是：当某一社区内的族群多样性程度很低（族群单一）或很高（族群多且每个族群人数占比相当）时，特殊信任与普遍信任程度都较高，但是当社区的族群多样性处于中间状态（族群较多且不同族群人数占比相差悬殊）时，特殊信任与普遍信任程度均较低。另外，对比族群多样性影响特殊信任与普遍信任的具体效应可知，族群多样性对特殊信任与普遍信任的影响都是 U 形模式，只是 U 形模式的拐点存在差异，且族群多样性影响特殊信任的 U 形模式相对更明显。

分族群来看，族群多样性对特殊信任与普遍信任的影响在不同族群大类中存在一定差异。对于汉族而言，族群多样性对特殊信任与普遍信任的影响都呈现出 U 形模式效应，说明族群多样性既影响了汉族的特殊信任，又影响了汉族的普遍信任。对于少数族群整体而言，族群多样性对特殊信任的影响呈现出 U 形模式效应，但是对普遍信任的影响不明显，说明族群多样性主要影响了少数族群整体的特殊信任，少数族群的普遍信任不容易受到族群多样性的影响。

对于各少数族群大类而言，在藏土等族群体中，族群多样性对特殊信任具有线性降低的影响效应，但是对普遍信任的影响不明显；在维吾尔等族群体中，族群多样性对特殊信任与普遍信任的影响都呈现出U形模式；在回族等族群体中，族群多样性对特殊信任和普遍信任的影响也呈现出U形模式；在满蒙等族群体中，族群多样性对特殊信任与普遍信任的影响都不明显；在南方各族群体中，族群多样性对特殊信任的影响呈现U形模式，但是对普遍信任则呈现出线性降低的影响效应。

综合而言，相比于既有的有关族群多样性与社会信任关系的三种学术观点，本书的研究发现既存在相似之处，又有新的推进。从整体来看：相似之处在于，本书发现族群多样性确实对社会信任发挥着一定的影响，而且这一影响的变动模式在中国西部地区的不同族群大类中确实存在着一定的差异；推进之处在于，本书发现族群多样性影响社会信任的作用模式，不同于已有研究强调的线性模式[9,37,235]，而表现为一种U形模式。因此，本书的实证分析和研究发现将有利于丰富这一主题的经验观察和实证资料，拓展原有的理论认识和知识体系，也对建构多元族群地区社会信任的措施选择与实施提供了一定的政策启示。

2. U形模式原因解析

如何解释整体中族群多样性影响社会信任的U形模式？本书在此分别从理论和实证两方面进行拓展分析。理论上，基于已有的族际交往互动假设[48,52,333]，结合日常生活中的经验观察，提出一个初步的解释框架：在族群同质性较高的社区中（比如汉族居民为主的社区），当有其他少数族群成员流入时，占比更多的原住族群与新流入的少数族群在认知、态度、心理上互相会产生不确定感，可能会因为文化习俗、价值信仰等不同而产生误解或冲突，从而导致整体信任水平的降低；但是，随着少数族群数量的进一步增加，多数族群的占比和相对优势不断下降，而其他（少数）族群的占比和优势却随之扩大，这预示着不同族群的交往机会、资源获取等将从差异悬殊变成机会均等，机会均等会带来多族群场域下的跨族群交往互动，从而族群成员间的差距或不同将从非常态变成常态，从距离、隔阂、互斥转变成桥梁、纽带、互补，这些转变将会对相互间的信任产生积极作用，最终导致特殊信任与普遍信任的回升。

那么，上述解释框架是否符合现实呢？以下尝试展开进一步的分析。①按照每条 U 形曲线的拐点值，将族群多样性的取值按照从低到高分成三段，划分的标准是保证每个段内有大致相等且可比的样本量，同时要保证拐点处于第二段内。②按照每个社区族群多样性指数的具体取值，可将其归入三段中的某一段，从而将所有社区分成对应的三类：第一类社区的族群异质性最低，第二类社区的族群异质性居中，第三类社区的族群异质性最高。其现实含义是从第一类社区到第三类社区，社区居民所属的族群身份越来越不一样（即类别越来越多），同时不同族群居民所占的比例也越来越接近。以总样本这条曲线为例，其族群多样性影响特殊信任的 U 形模式拐点值为 0.37，据此生成的三段分别是 0～0.22（对应第一类社区）、0.23～0.52（对应第二类社区）、0.53～1（对应第三类社区）。若某一个社区的族群多样性指数为 0.398，则这一社区将被归到第二类社区。③针对每个社区，统计出其中占比最多的居民、其他居民（即相对少数的族群），由此可将社区的每位成员划归为这两类中的某一类，然后分别计算出每一类居民的特殊信任和普遍信任的均值。具体结果见表 4－6 和 4－7。

表 4-6 各族群在族群多样性指数不同社区的特殊信任均值

社区类别	居民所属类别	整体	汉族	少数族群整体	藏土等族	维吾尔等族	回族等族	满蒙等族	南方各族
第一类社区	占比最多的居民	8.06	7.93	8.24	8.97	8.64	7.91	8.06	7.90
	其他(少数)居民	7.66	7.67	7.66	8.40	6.00	7.58	7.67	7.56
第二类社区	占比最多的居民	7.77	7.76	7.77	8.44	7.80	7.82	7.96	7.56
	其他(少数)居民	7.74	7.72	7.74	8.10	7.88	7.94	7.99	7.41
第三类社区	占比最多的居民	7.88	7.88	7.88	8.52	8.33	8.33	8.55	7.58
	其他(少数)居民	7.93	7.93	7.93	8.86	8.33	8.36	8.82	7.43

表 4-7 各族群在族群多样性指数不同社区的普遍信任均值

社区类别	居民所属类别	整体	汉族	少数族群整体	藏土等族	维吾尔等族	回族等族	满蒙等族	南方各族
第一类社区	占比最多的居民	4.78	4.81	4.69	4.37	4.23	4.88	5.04	4.83
	其他(少数)居民	4.65	4.59	4.65	4.95	5.00	4.59	4.43	4.73
第二类社区	占比最多的居民	4.68	4.66	4.68	4.75	4.40	4.61	4.89	4.68
	其他(少数)居民	4.68	4.61	4.68	5.02	4.35	4.70	4.81	4.54
第三类社区	占比最多的居民	4.87	4.88	4.87	5.20	5.02	4.97	5.34	4.56
	其他(少数)居民	4.99	4.93	4.99	5.35	5.46	5.25	5.51	4.77

以表 4－6 中所有样本即整体的特殊信任为例，从异质性最低的第一类社区到异质性最高的第三类社区，其中占比最多的居民的特殊信任的均值从 8.06 下降到 7.77 再上升到 7.88，而占比较少的其他居民的特殊信任的均值从 7.66 上升到 7.74 再进一步上升到7.93。多数和少数族群的特殊信任从第一类社区（族群多样性低的社区）的差距悬殊变化到第三类社区（族群多样性高的社区）的基本均衡。各族群中特殊信任的变化也基本遵循这一趋势。

表 4－7 中所有样本即整体的普遍信任变化状况也显示，其中占比最多的居民的普遍信任的均值从 4.78 下降到 4.68 再上升到4.87，而占比较少的其他居民的普遍信任的均值从 4.65 上升到 4.68 再进一步上升到 4.99。各族群中普遍信任的变化也基本遵循这一趋势。

可见数据结果与前面的解释框架比较吻合：随着社区内族群异质性的增加，比例占优的多数居民由于相对优势不断下降而信任感也不断降低，而占比较少的其他居民的人数及优势却随之不断增加，这使得他们的特殊信任和普遍信任也不断上升；当这两大类居民占比相当——进入第三类社区的状态时，这两类居民就会达到一种理想中的“你信任我、我信任你”的互信状态，从而整体的特殊信任和普遍信任水平又再度回升。这在一定程度上说明，族群多样性背景下的族际交往对社会信任的形成和变化发挥着重要的作用，下文因此有必要对族际交往的形成和作用机制展开进一步的探讨。

第5章

族群多样性与族际交往

第4章具体分析了族群多样性影响社会信任的基本效应，以及族群多样性对社会信任的影响效应在不同族群间所存在的差异。那么，族群多样性影响社会信任的作用机制是什么？这一作用机制发挥着怎样的影响效应？这些影响效应在不同族群间是否存在一定差异？本书通过对已有的相关研究进行梳理，引入族际交往的解释机制，试图探讨族际交往在族群多样性背景下对社会信任的具体影响。为了在第6章更清晰地探讨族群多样性、族际交往与社会信任的综合效应，本章需要对族群多样性影响族际交往的基本效应进行探讨。

之所以引入族际交往的解释机制，是考虑到族际交往是保证不同族群和睦相处、和衷共济、和谐发展的一个基本条件。处于特定时空环境中的不同族群，通过相互之间的交往，不仅可以改变族际态度和行为，而且可以减少族际偏见和歧视，解决族际矛盾和冲突，为族群之间进一步的互动交流和共同发展奠定基础[265]。那些不喜欢、不参与或者不善于族际交往的人们往往信任他人的程度相应更低。尤其自20世纪末以来，世界范围内的人口流动和人口迁移不断增大，与流动人口相伴随的族群多样性不断增加，这对族际交往和信任产生了重要影响。

在 56 个族群共存的中国社会,不同族群具有不同的风俗习惯与生活方式,不同族群之间的交往、交流、交融具有不同程度的多样性和复杂性。尤其伴随着改革开放的推进、城市化的加快,人口跨地域流动的范围和规模不断扩大,不论是在地域分布还是在族群构成方面,多族群杂居程度不断加深,族群多样性进一步扩大。这种整体社会结构的变迁趋势一方面降低了族群之间因为缺少了解而导致的偏见,在一定程度上消弭了族群之间的焦虑与隔阂,为族际经济、文化事项的协调与发展创造了良好的社会基础,另一方面也为族群之间的交往与信任带来了新的挑战。

本章因此关注的核心问题在于:在中国西部地区,族群多样性对族际交往的影响是什么,这一影响在不同族群之间是否存在差异,以此就如何扩大族际交往与如何提升社会信任这一议题进行初步探讨。本章的具体结构如下:首先,梳理已有的有关族际交往影响因素的研究;其次,梳理有关族群多样性与族际交往关系的研究,以及族群多样性影响族际交往的族群差异研究;最后,运用调查数据进行实证分析,探讨族群多样性对族际交往的具体影响。

5.1　族际交往的影响因素

如何消除各族群之间的隔阂,促进各族群之间的友好协作,推进不同族群之间的交往交流,是和谐社会建设的重要课题。国内外学术界对此进行过广泛的研究,主要关注了性别、年龄、教育水平、职业地位等影响族际交往的因素,其作用机制主要分为两种:个体偏好机制(偏见和歧视程度)和机会结构机制(居住隔离和社会分化程度)[300,334]。

一方面,人们对族际交往的期望,从本源上讲,是一种基于个体价值取向的偏好;另一方面,这些偏好又受到社会条件的制约,即偏好会在机会结构的作用下被抑制、修正或强化,从而决定交往是否实现。所以，偏好和结构是两种相关但又完全不同的机制，它们共同决定了族际交往的性质、特征与规模。

从个体偏好的视角来看，无知往往产生偏见，熟悉才能产生亲近。人们对于另一群体的刻板印象主要是因为信息的匮乏和错误[335]。偏好限制了交往的动力，一般情况下，对外族群持有的偏见越少，人们越容易参与族际交往；而对外族群持有的偏见越多，则人们越有可能逃避族际交往。

从机会结构的视角来看，族际的刻板印象主要来自因社会隔离所导致的不完整信息。而机会结构则为族际交往提供了外在的条件和动力。正如彼特·布劳(Peter M. Blau)所提出的结构主义观点，群体规模的差异以及不同群体在各个社会位置上的分布差异决定了群体之间的交往，即人口规模小的群体与其他群体交往的可能性和程度将远大于人口规模大的群体，而位置相同或极为相似的人们，其面对面交往的可能性要远远大于位置相距悬殊的人们[336]。

也就是说，在族际交往的过程中，个体偏好反映了诸如价值观、知识结构之类的个体性因素或特征，而机会结构则表述了独立于个人但又影响着个人的外在社会性因素或特征。因此，以下需要从个体偏好和机会结构的机制视角探讨中国社会的族际交往，首先在微观层面讨论个体偏好机制对族际交往的影响，其次从宏观层面讨论机会结构机制对族际交往的影响，再次讨论个体偏好机制和机会结构机制对族际交往的双重作用，最后探讨机会结构机制的核心变量族群多样性对族际交往的影响效应。

5.1.1 个体偏好机制

就一般性的交往而言，从个体偏好的视角来看，相似性孕育着联系性，人们选择和谁交往通常与个人的偏好相关[250]。因为具有共同或相似起源、习俗、价值观、生活方式、社会经济地位的人们往往会更加理解彼此，且能参与到共同的生活圈之中。另外，人们还倾向于与群体内在社会经济等方面成功的人们交往[300]，因为这类人在交往过程中往往更具有吸引力和竞争力，具有更高的被交往价值。与个体偏好机制相关联的影响族际交往的代表性因素是族际交往态度和族际通婚态度。

族际交往态度是影响族际交往行为的重要偏好指标，反映了态度和情感上对外族群的接受和喜爱程度，能够更准确地测量对族际交往的偏好程度。因为族际交往具体涉及态度与行为两个方面，从个体偏好视角来看，与族际交往最为直接相关的是对待族际交往的态度。这一态度是族群心理和行为的表现，也是对族群之间相互交流和往来状态的意识判断。所以，通常情况下，对族际交往持反对态度的人们往往会更多地回避和拒绝族际交往[266]。

另外，族际通婚态度也是影响族际交往能力和行为的重要指标。因为婚姻是一种亲密和长期的关系，族际通婚不仅反映了一种跨越群体界限的交流，还反映了不同群体成员的相互认可。一般情况下，只有当两个族群之间的语言相通、文化相似、观念认同、交往频繁、偏见消失的时候，族际通婚才得以可能。更重要的是，族际通婚往往与族群差异程度以及背后的社会、经济、文化、政治等原因密切相关，其直接作用于族群界限，被认为是衡量社会融合程度的一个重要的敏感指标，也是族群研究中最重要的专题之一[295]。通常情况下，对族际通婚持反对态度的人，其参与族际交往的积极性也低。

5.1.2　机会结构机制

从机会结构的角度出发，即使族际交往偏好很强烈，但如果缺乏相应的交往机会，例如空间上的距离很远（位置遥远、地位悬殊），那么在实际生活中交往的可能依然很小。因此，族际交往所涉及的另一重要因素是与其他族群成员进行互动的机会。与机会相关的是本族群的规模、外族群的规模以及所在地区的族际隔离程度。同时，机会结构所导致的生活经历也会改变人们在交往方面的偏好。比如，在战争中，那些具有族际协作战斗经历和经验的士兵或海员，种族态度会更加友善，族际交往与协作也因此更加积极[337]。

与机会结构机制密切相关的一个重要因素是居住区内的外族群规模，其影响着人们与同族成员、外族成员交往的机会[338]。在少数族群占据多数的居住区内，多数族群有更多的机会去接触少数族群，而少数族群很少有接触多数族群的机会；相对而言，在多数族群占据多数的居住区内，少数族群有更多的接触多数族群的机会，而多数族群很少有参与族际交往的机会。一些族群聚居区通常与外界保持着一定的距离，族群内部的亚文化比较明显，外族群规模相应很小，进行族际交往的机会也相应较小。

此外，与机会结构机制密切相关的另一重要因素是居住区内的族群多样性，其作为影响机会结构机制的核心要素，决定着族际交往的结构和机会，也影响着信任的建构。一般来讲，一个地区的族群分布越多样，该地区的族际交往机会越多[235]。居住上的混合会在一定程度上促进族际交往；反之，居住上的隔离会相应减少族际交往。不同族群混居程度越高，遇见其他族群成员的机会就越多，族际经济、社会、生活方面的交流与合作的可能性越大。本章会对族群多样性影响族际交往的效应进行重点梳理。

5.1.3 个体偏好与机会结构机制的双重作用

上文对影响族际交往的个体偏好机制和机会结构机制分别进行了探讨，但是还有一些变量（比如教育水平、职业地位、年龄、性别）对族际交往的影响既有个体偏好方面的作用，又有机会结构方面的作用。

1. 教育水平

在现代社会，教育担负着传承社会文化和提高公民素质的职责，强调对道德规范的培育和健全人格的塑造。通过教育，人们不仅能获得知识、提高技能，还会具备相互理解、相互协作的基本认知和能力。教育不仅能够产生一定的经济效应，还能够通过增强个体对价值规范及制度安排的认同而促进信任与协作，形成提升个体和群体认知的非经济效应[339]。因此，受教育程度越高的人往往具有更包容性的世界观，对其他族群持有更少的偏见和歧视[300]。

但是，由于机会结构的制约，这一积极效应未必能够完全实现，因为大多数少数族群的受教育程度往往低于多数族群[340]。这意味着，相对于受教育程度低的少数族群，受教育程度高的少数族群与多数族群交往的机会更多；但是，对于多数族群，教育水平可能对交往没有显著影响。

为了扩大少数族群接受教育的机会，促进整体社会的平等，自 1949 年新中国成立以来，政府制定并实施了一系列少数族群教育优惠政策，无论是在基础教育还是在高等教育方面，都采取了一系列增进和改善少数族群地区教育的举措[341-342]。这一系列针对少数族群教育的优惠政策，在一定程度上促进了少数族群教育、经济、文化事业的发展，扩大了族际交往的机会结构，在一定程度上促进了族际交往。

2. 职业地位

基于个体偏好的视角，是事实存在的、感知到的、与日俱增的竞争威胁，激发了交往方面的排他主义。族群排外主义因此通常受到低教育程度和低收入群体的强烈支持，比如一些体力劳动者和失业人员[343]。相对而言，具有更低职业地位的多数族群会更歧视外来者，具有更低职业地位的少数族群会更排斥多数族群成员。因为低职业地位的多数族群会感受到少数族群对他们职业或生活方面的威胁，而职业地位更高的多数族群则很少会有这种威胁感，在族际交往方面因此更具有包容性；与此类似，具有较低职业地位的少数族群会将自身的不良状况归咎于多数族群的歧视或排斥，而职业地位较高的少数族群则很少有这种被歧视感，其族际交往的积极性因此更高。

但是基于机会结构的视角，通常大部分高职业地位被多数族群所占据[344]，处于高职业地位的多数族群与少数族群遇见少数族群的机会都很少[345]。也就是说，高职业地位与少数族群的高族际交往联系在一起，而与多数族群的低族际交往联系在一起。

因此，中国的少数族群优惠政策不仅存在于教育领域，国家对少数族群在就业、晋升、补贴、税收等方面也实施了一系列广泛、深远、多样的优惠政策[283]。为了保障少数族群在职业获得与发展方面的合法权利和利益，中国采取了一系列措施来培养少数族群专业人才和干部，对少数族群的就业与发展采取特殊措施，给予优先照顾和扶持。政府在招工、征兵、提干等就业领域合理分配少数族群名额，提升少数族群劳动者就业的数量和水平，在同等资历和能力的条件下，干部选拔和提升一般优先考虑少数族群成员。由于教育、就业、提干、税收、计划生育等方面的优惠政策，少数族群成员的整体社会地位得到了相应提高，这对扩大族际交往的机会结构产生了重要影响。

3. 年龄

基于个体偏好的视角，老年人对其他族群成员往往具有比年轻人更高程度的刻板印象、族群威胁感和族群排外主义[346]。这主要是因为，相对于年轻人，老年人具有更丰富的历史记忆、生活阅历，族群的心理边界往往更明晰。因此部分老年人参与族际交往的积极性相应更低。

基于机会结构的视角，年龄与族际交往存在同样的逻辑关系，而且机会结构会加强个体偏好的影响。比如，如果学生所在的学校是多族群学校，学生在大多数情况下不得不参与到族际交往中；对于工作中的成年人来说，他们可能会因为不喜欢多族群的环境而去改变工作地点或内容，当然这样的机会也比较难得；与此形成对比的是，退休后的老年人被制约的可能性更小，他们有很多可以逃避族际交往的机会[347]。相对于老年人，年轻人要承担更多的社会角色和责任，参与族际交往的机会相应更多。

在中国社会，60 岁以下群体的交往范围较大，60 岁以上群体的交往范围会相应缩小。而且，在中国改革开放和人口流动的浪潮下，参与跨地域流动的人口主要为年轻群体（平均 28.6 周岁），其所具备的社会适应能力和心理承受能力较强，能够产生较高的心理认同和身份认同[348]。这些因素都使得年轻人参与族际交往的机会更大。

4. 性别

基于个体偏好的视角，相对于男性，女性对族际通婚等行为的反对程度更高，参与族际交往的积极性更低[346]。这主要是因为，在很多社会中，女性通常主要倾向于与群体内成员进行交往，对群体外社会交往的参与度非常低。当然，性别角色定位在每个国家和地区存在差异，其主要与当地的文化联系在一起。性别角色越平等的地区，性别对交往范围的影响越小。越不发达的地区，族际交往的性别差异越明显。但是从整体上来讲，相对男性，女性更多地扮演着照顾家庭、养育子女的角色，这一角色通常会被内化并促使女性更少地参与家庭外的交往，更多地倾向于族内而不是族际交往。

基于机会结构的视角，性别往往决定了交往活动的范围和领域。相对于男性，女性往往拥有更大量、更高比例和更多样的亲戚网络[349]，在很多地区，文化赋予女性更多的是照顾家庭和养育孩子的角色，她们外出的机会不像男性那么多，女性因此很少有参与族际交往的机会。此外，女性经常承担着帮助孩子社会化的责任，她们的首要职责是将族群规范传递给下一代，且与孩子相处的时间最长。而且，作为传承和发展族群文化的族群社团组织，在促进女性学习与传承族群文化的同时，在某种程度上减少了女性与其他族群交流的机会。在其他条件相同的情况下，女性参与社会交往的人数明显低于男性[185]。

在中国社会，女性经常在家庭事务中承担着主要角色，这意味着她们比男性有更少的从事家庭事务之外的交往机会。有研究发现，中国女性在社会交往与族际交流的过程中，具有更大的不适应性，参与程度更低[350]。

虽然族际交往的态度主要由个体偏好决定，但上述社会人口特征也从机会结构方面对族际交往的行为发挥了一定的限制或推进作用。这些机会结构因素既可能加强个体偏好的作用，也可能削弱个体偏好的作用。以上重点梳理了族际交往的影响因素，以下重点梳理机会结构机制的核心变量——族群多样性——对族际交往的影响。

5.2 族群多样性与族际交往：三种学术观点

社会结构指向的是人们在不同社会位置中的分布，社会位置反映和影响了人们的角色关系和交往结构。从社会结构的视角来看，人们相互接触的机会和频率决定了交往的程度。即个体所处的社会位置比所拥有的文化价值和规范制度对社会生活的影响更大。不同的群体身份、等级地位决定了不同的社会位置，由社会位置的实质、占据者的数量、分化程度等所决定的规模差异和规模分布，最终以一种机会结构的方式反映和影响了人们的角色和交往关系。社会交往不仅仅取决于社会成员的共享价值，更重要的是社会不同群体、阶层之间社会成员的实质性交往结构。正如已有的研究所证明的，在中国社会，个体偏好和机会结构机制双重作用于族际交往，但是相对而言，机会结构的作用大于个体偏好，而族群多样性是机会结构机制影响族际交往的核心变量[334]。

族群多样性的不断增加对少数族群与多数族群的个体日常生活中的价值和行为构成了重要影响[351]。族群多样性具体指向的是人口由类别参数所表示的各族群之间的分布，即随机选择两个人归属同一群体的概率。族群数目越多，人口之间的分布会越均匀，族群多样性程度相应越高。也就是说，族群种类越多，族群多样性程度越高。有关族群多样性影响族际交往的具体作用效果，存在着以下三方面的理论观点。

5.2.1　族群多样性降低族际交往

首先，罗伯特·帕特南有关族群多样性降低社会团结的观点表明，族群多样性不仅降低了族际交往频率，也降低了族内交往频率。其不仅仅涉及社会资本与社会信任的降低，还涉及政府信任、社会参与、慈善事项、志愿服务的减少，且在一定程度上削弱了人们的族际交往意愿与能力[352]。即族群多样性的增加减少了整体社会的联系性，不仅分化了群体外的团结，也分化了群体内的团结，这不仅表现于公共领域，也同样表现于私人领域。这一观点的核心含义在于，族群多样性的增加虽然为人们提供了与不同族群、背景的人们进行交往的机会，但是自身与他人的不同，有助于人们发展和强调自我认同，不利于族际交往的进一步扩展。或者说，族群多样性的增加，意味着人们会接触到更多样的思想、关系，这会使人们置身于更加多样的社会网络中，也会使人们从所在的多族群社区中疏离出来，更加注重个体生活。总之，族群多样性提供了进行社会比较的背景，会使人们更明确地区分“他们”与“我们”，从而不利于族际交往的促进。

从个体层面来讲，有研究发现，那些在生命历程中有更多迁移经历的人们，会更多地遇到不同族群的人们，但是相应的社会网络往往更少[353]。这些迁移经历更多的人，也往往更容易形成强烈的自我认同倾向[354]。而且族群多样性增加了群体威胁，这些威胁包括实质性的、象征性的、群际焦虑、负面的刻板印象等，这会增加对外群体的偏见，降低人们对内群体的认同，使人们倾向于跟他人保持距离[355]。所以族群多样性在一定意义上不仅降低了族际交往，也降低了族内交往。

从社区层面来讲，族群多样性同样也会导致更强烈的个体主义。其原因在于，社区族群多样性增加了不同群体之间对有限资源的竞争，引发了更强烈的外族群威胁和焦虑，增加了族际矛盾和族际冲突[356]。尤其在更不平等或者族群更加多样与分散的地区，社会活动的参与率明显更低[310]。族群多样性因此导致了更强的社会隔离，致使人们拥有亲密朋友的可能更小，人们花更多的时间待在家里，而不是参与社区活动。所以更广泛的社区层次的族群多样性的增加，会更深刻地影响社区内的人际结构和生活方式，致使独处概率的增加和家庭规模的缩小[357]，其不仅会导致低度的社会信任，还会导致低度的社会整合，以及高度的社会隔离[358]。

5.2.2 族群多样性增加族际交往

从交往理论的视角来看，族群多样性则有利于增加族际交往。即族群多样性越高，人们与其他族群进行交往的机会则越多，这不仅适用于多数族群，也适用于少数族群[52]。研究显示，那些认为自己所在社区的族群多样性更高的人们表示，他们与其他不同族群之间的互动更多，这种族际的交往从而影响到个体的价值和行为[351]。即族群多样性意味着更多的社会联系，文化价值可以通过族群多样性进行传播，从而会对个体的价值与行为进行重新塑造，比如降低族际焦虑、改善族际偏见、影响族际行为，这一效应不仅反映在社区内，也反映在学校、工作场所、实验室等区域内。另外，族群多样性为人们提供了与来自不同社会背景、价值、文化的人们进行交流的机会和空间，这一跨族群交往的机会的增加，有助于进一步的社会融合。

或者说，族群多样性可以弱化内群体与外群体的界限，从而促进更广泛的族际交往。虽然相似性原则阐明了人们更倾向于和具有相似特征的人们交往，但是族群多样性的增加，导致人们事实上还是被不相似的人们环绕四周，族际交往的机会不得不被扩大。即族群多样性的增加不仅增加了族际交往频率，也增加了族内交往频率。一个地区的族群分布越多样，该地区的族际交往机会越多[235]。居住上的混合会在一定程度上促进族际交往，居住上的隔离会相应减少族际交往。不同族群混居程度越高，遇见其他族群成员的机会就越多，族际经济、社会、生活方面的交流与合作可能越大，越有利于促进了解和发展。

5.2.3　族群多样性影响族际交往的族群差异

另一种观点认为，族群多样性对族际交往的影响存在族群差异。因为族际交往不仅仅只关系到少数族群参与交往的意愿和行为，而是涉及多数族群和少数族群两方面的交往。少数族群单方面的意愿和行为并不能构成族际交往，族际交往的形成还需要多数族群和少数族群的共同积极参与。所以，后续的研究从多数与少数两个群体的视角对族际交往进行了研究。

基于族群竞争理论，族群多样性的增加降低了族际交往的频率和能力，但是族群多样性通过增加人们对内群体的认同而增加了族内交往的频率和能力。这主要是因为稀缺资源和文化价值方面的竞争，容易产生群体威胁感，这一威胁感会增加外群体排斥和内群体团结[359]。或者说，族群多样性的增加，降低了人们参加公共事项的积极性，使得人们更多地从公共空间转投于私人空间，从而增加了内群体团结[360]。即与族群多样性相伴随的经济不平等等现象，使人们更多地置身于不可信任的陌生人之间，社会安全感相应降低，减少了与他人联系的意愿，增加了族际交往的障碍。

但是相应研究证明，族群多样性的增加，降低了人们与多数族群交往的频率，却增加了人们与少数族群交往的频率[361]，其不仅适用于少数族群，也适用于多数族群[362]。即族群多样性增加了多数族群遇见少数族群的机会结构，减少了少数族群遇见多数族群的机会结构，从而增加了多数族群的族际交往，降低了少数族群的族际交往。两类族群在规模上的差异越大，其族际交往机会的差异就越大。也就是说，族群多样性对不同族群的族际交往存在不同的影响，有时甚至是截然相反的。比如，某个社区有两类规模不一的群体，两类群体成员之间交往频繁，也必然意味着人口较少的少数族群参与族际交往的机会大于多数族群。通常情况下，少数族群的族际交往机会都会相对高于多数族群。有的研究发现，社区内族群多样性的增加主要增加了多数族群的危机感。比如，美国白人更容易受到少数族群人口增加的影响，因为这种族群多样性的增加会影响到白人的社会地位，因此他们对其他族群的歧视在直接和间接方面都会相应增加[363]。

整体来看，就族际交往的影响机制而言，国内学术界主要关注了文化差异、流动人口、心理距离、居住格局、多族群院校、互联网场域等因素对族际交往的影响[59,62-66]，突出了族际交往背后的原因以及所产生的后果。但是，因为缺乏有关族群的大型调查数据，有关中国社会的族群多样性如何影响族际交往，如何进行实证检验的问题，目前还未有细致全面的研究。以下试图借鉴国内外已有的理论与实证研究，运用有代表性的综合调查数据，重点考察中国西部地区的族群多样性对族际交往意愿和族际交往能力的影响，以及在不同族群中的影响差异。

5.3　族群多样性影响族际交往的实证分析

5.3.1　变量描述

在实证分析之前，首先需要查看不同族群中族际交往意愿和族际交往能力的整体状况。通过计算得出整体中的族际交往意愿和族际交往能力的均值分别是 17.98 和 16.55，族际交往意愿的均值相对大于族际交往能力。为了直观比较各族群中族际交往意愿和族际交往能力的具体状况，图 5－1 展示了中国西部地区各族群的族际交往意愿与族际交往能力的差异。

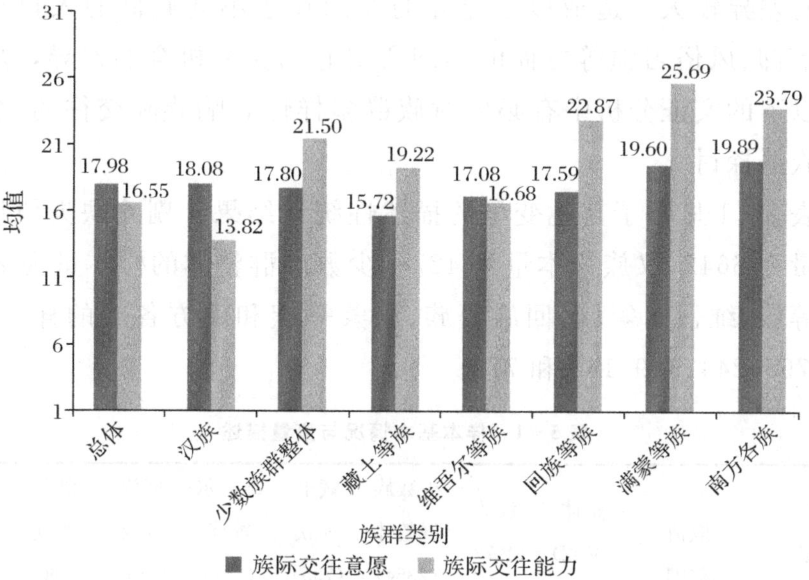

图 5－1　中国西部地区各族群的族际交往意愿与族际交往能力均值的柱状图

就汉族与少数族群整体而言，少数族群整体的族际交往意愿（均值为 17.80）低于汉族的族际交往意愿（均值为 18.08），但是少数族群整体的族际交往能力（均值为 21.50）高于汉族的族际交往能力（均值为 13.82）。所以，提高汉族的族际交往能力和少数族群整体的族际交往意愿在社会信任的建构过程中尤为必要。

就少数族群大类而言，不同少数族群的族际交往意愿和族际交往能力存在一定差异。就族际交往意愿而言，满蒙等族和南方各族相对较高且比较接近(均值分别为 19.60 和 19.89)，回族等族、维吾尔等族和藏土等族因为宗教、习俗等方面与其他族群差异较大，所以相对较低且比较接近(均值分别为 17.59、17.08、15.72)。就族际交往能力而言，满蒙等族、南方各族、回族等族因为社会融合程度较高所以相对较高且比较接近(均值分别为 25.69、23.79、22.87)，藏土等族和维吾尔等族相对较低且比较接近(均值分别为 19.22 和 16.68)。

整体而言，不同族群的族际交往意愿的差异不大，但是族际交往能力的差异较大。造成以上差异的原因在于不同族群的人口规模、宗教信仰、风俗习惯等方面的不同所引起的交往机会的差异，也说明了在以下的实证分析中有必要对族群多样性影响族际交往的效应进行分族群探讨。

表 5-1 显示了其他变量的描述性统计结果。剔除缺失值后，总样本量为 6642，汉族样本量为 4278，少数族群整体的样本量为 2364，藏土等族、维吾尔等族、回族等族、满蒙等族和南方各族的样本量分别为 795、244、389、160 和 776。

表 5-1 样本基本情况与变量描述

变量	取值范围	整体(6642)	汉族(4278)	少数族群整体(2364)	藏土等族(795)	维吾尔等族(244)	回族等族(389)	满蒙等族(160)	南方各族(776)
		均值(标准差)或百分比							
因变量									
族际交往意愿	5～25	17.98 (3.54)	18.08 (3.43)	17.80 (3.72)	15.72 (3.67)	17.08 (3.44)	17.59 (2.96)	19.60 (2.89)	19.89 (2.99)
族际交往能力	7～35	16.55 (6.81)	13.82 (4.88)	21.50 (7.02)	19.22 (5.61)	16.68 (6.59)	22.87 (5.47)	25.69 (7.78)	23.79 (7.39)

续表

变量	取值范围	整体(6642)	汉族(4278)	少数族群整体(2364)	藏土等族(795)	维吾尔等族(244)	回族等族(389)	满蒙等族(160)	南方各族(776)
		均值(标准差)或百分比							
核心自变量									
族群多样性指数	0～0.81	0.16 (0.19)	0.14 (0.18)	0.20 (0.21)	0.08 (0.14)	0.17 (0.25)	0.24 (0.21)	0.38 (0.15)	0.27 (0.22)
族群多样性指数平方项	0～0.65	0.06 (0.11)	0.05 (0.09)	0.09 (0.13)	0.03 (0.07)	0.09 (0.16)	0.10 (0.13)	0.17 (0.12)	0.12 (0.14)
控制变量									
女性	0～1	49.26%	51.40%	45.39%	43.52%	38.52%	55.53%	52.50%	42.91%
年龄/岁	18～99	44.82 (14.57)	46.33 (14.79)	42.10 (13.74)	42.41 (14.06)	40.39 (12.86)	40.21 (14.30)	43.96 (14.86)	42.88 (13.03)
未婚	0～1	9.45%	9.35%	9.64%	11.82%	5.33%	9.00%	11.25%	8.76%
教育水平/年	0～19	8.04 (4.52)	8.96 (4.16)	6.36 (4.67)	3.15 (4.09)	7.99 (3.30)	6.69 (4.62)	9.83 (4.17)	8.26 (3.76)
农村户口类型	0～1	57.33%	46.10%	77.66%	86.04%	83.61%	64.01%	46.25%	80.54%
个人年收入/万元	0～150	1.29 (3.08)	1.42 (3.60)	1.06 (1.76)	0.99 (1.62)	0.85 (0.96)	0.93 (1.97)	1.53 (1.86)	1.16 (1.94)
社区收入中值/万元	0.2～8	2.18 (1.20)	2.37 (1.19)	1.84 (1.13)	1.68 (1.00)	1.62 (1.00)	2.01 (1.46)	2.48 (0.96)	1.85 (1.09)
社区收入差距/万元	0.22～61.94	2.94 (4.74)	3.11 (5.22)	2.64 (3.72)	2.39 (2.62)	1.91 (4.31)	3.37 (5.19)	3.42 (3.39)	2.60 (3.57)
社区数量/个		507	404	310	55	37	91	58	122

以整体样本为例，族群多样性指数的平均值为 0.16，范围为 0～0.81；族群多样性指数平方项的平均值为 0.06，范围为 0～0.65。控制变量方面，为了方便比较和综合分析，本章与第 4 章和第 6 章的控

制变量选取基本保持一致。其中，女性所占的百分比为49.26%；年龄的均值为 44.82 岁，范围为 18～99 岁；未婚者所占百分比为 9.45%；受教育年限的范围为 0～19 年，均值为 8.04 年，相当于初二水平；农村户口所占的百分比为 57.33%；个人年收入的范围为 0～150万元，均值为 1.29 万元；社区收入中值的范围为 0.2 万元～8 万元，均值为 2.18 万元；社区收入差距的范围为 0.22 万元～61.94 万元，均值为 2.94 万元。整体样本中社区数量为 507 个。不同变量在不同族群样本中的分布有所不同。

5.3.2 族群多样性影响族际交往意愿的实证分析结果

表 5-2 首先对整体中的族际交往意愿的影响因素进行了多层次线性回归分析，然后分别分析了各族群大类中族际交往意愿的影响因素。由最后一行可见，整体与各族群大类中零模型的 ICC 值均超过 0.059，说明确实需要使用多层次线性回归模型分析方法。

表 5-2 族际交往意愿影响因素的多层次混合效应线性回归模型分析结果

变量	模型 1	模型 2	模型 3	模型 4	模型 5	模型 6	模型 7	模型 8
	整体	汉族	少数族群整体	藏土等族	维吾尔等族	回族等族	满蒙等族	南方各族
个体层次								
性别(女性=0)	0.436***	0.411***	0.509***	0.632***	1.469***	0.982***	−0.446	0.283
	(0.081)	(0.101)	(0.137)	(0.245)	(0.428)	(0.296)	(0.458)	(0.234)
年龄	0.003	0.008*	−0.004	−0.007	−0.008	0.005	−0.017	−0.015
	(0.003)	(0.004)	(0.005)	(0.009)	(0.017)	(0.012)	(0.018)	(0.010)
婚姻(未婚=0)	−0.265*	−0.529***	0.132	−0.246	−1.823*	−0.802	1.512**	1.025**
	(0.148)	(0.190)	(0.241)	(0.406)	(0.947)	(0.530)	(0.748)	(0.422)
教育水平	0.087***	0.079***	0.100***	0.077**	−0.012	0.085**	−0.073	0.056
	(0.012)	(0.015)	(0.019)	(0.033)	(0.070)	(0.040)	(0.069)	(0.035)

续表

变量	模型 1	模型 2	模型 3	模型 4	模型 5	模型 6	模型 7	模型 8
	整体	汉族	少数族群整体	藏土等族	维吾尔等族	回族等族	满蒙等族	南方各族
户口类型(农村=0)	0.131	−0.091	0.287	1.411***	1.007	0.260	−0.339	−0.124
	(0.121)	(0.147)	(0.206)	(0.413)	(0.626)	(0.374)	(0.600)	(0.341)
个人年收入	0.027**	0.020	0.087**	0.158**	−0.198	0.083	0.339**	0.017
	(0.013)	(0.014)	(0.040)	(0.079)	(0.245)	(0.076)	(0.140)	(0.060)
社区层次								
社区收入中值	−0.013	0.041	−0.225**	−0.564**	0.560*	−0.184	−0.084	−0.023
	(0.072)	(0.083)	(0.105)	(0.225)	(0.294)	(0.141)	(0.318)	(0.140)
社区收入差距	−0.020	−0.021	−0.009	−0.121	0.045	0.021	−0.076	−0.008
	(0.018)	(0.019)	(0.028)	(0.081)	(0.056)	(0.037)	(0.074)	(0.033)
族群多样性指数	7.786***	7.110***	11.944***	7.132**	10.538***	6.165**	−5.697	2.452
	(1.281)	(1.473)	(1.708)	(3.439)	(3.667)	(3.001)	(7.458)	(2.228)
族群多样性指数平方项	−7.197***	−7.374***	−12.469***	−4.839	−14.339***	−6.178	9.493	−2.192
	(2.317)	(2.685)	(2.748)	(6.149)	(5.390)	(4.765)	(9.454)	(3.461)
常数项	16.335***	16.641***	15.986***	16.060***	16.802***	16.489***	20.551***	18.633***
	(0.266)	(0.342)	(0.391)	(0.652)	(1.278)	(0.750)	(1.776)	(0.688)
随机效应部分								
SD(常数)	1.609	1.572	1.448	1.127	0.613	0.755	2.46e-10	0.800
SD(残差)	2.994	2.984	2.992	3.210	3.003	2.595	2.574	2.836
SD(社区收入中值)	6.39e-08	1.29e-10	1.94e-10	7.64e-08	2.28e-10	3.24e-10	0.377	1.86e-09
SD(社区收入差距)	8.95e-10	2.22e-11	7.55e-12	5.16e-09	5.20e-12	1.10e-10	9.18e-11	1.49e-09
SD(族群多样性指数)	4.76e-08	2.20e-10	2.12e-10	3.26e-09	3.34e-09	4.77e-06	6.21e-10	0.00004
SD(族群多样性指数平方项)	2.72e-06	5.42e-10	2.69e-10	2.42e-08	1.66e-08	2.388	5.43e-10	1.287
样本量	6642	4278	2364	795	244	389	160	776
组(社区)数	507	404	310	55	37	91	58	122
零模型的 ICC 值	0.284	0.248	0.305	0.188	0.178	0.166	0.117	0.085

注：* 表示 $p<0.05$，** 表示 $p<0.01$，*** 表示 $p<0.001$。

首先查看整体中族群多样性对族际交往意愿的影响效应。表5-2的模型1显示,整体中,族群多样性指数影响族际交往意愿的回归系数是7.786,显著性水平是0.001;族群多样性指数平方项影响族际交往意愿的回归系数是−7.197,显著性水平是0.001。这综合说明族群多样性对族际交往意愿的影响是既提升又降低的倒U形模式,通过数学计算得出倒U形的拐点(顶点)为0.54。这说明当族群多样性小于0.54时,随着族群多样性的不断增加,族际交往意愿不断提高,但是当族群多样性大于0.54时,随着族群多样性的不断提高,族际交往意愿则不断下降。其背后的现实含义是,在族群多样性较低和较高的社区,族际交往意愿都比较低,族际交往意愿程度的最高处为族群多样性处于中间状态的社区。

对比汉族和少数族群整体,如模型2显示,在汉族中,族群多样性指数和族群多样性指数平方项影响族际交往意愿的回归系数分别为7.110和−7.374,显著性水平都为0.001。这说明族群多样性对汉族的族际交往意愿呈现出倒U形影响模式,通过数学计算得出相应的倒U形拐点为0.48。模型3显示,在少数族群整体中,族群多样性指数影响族际交往意愿的回归系数为11.944,显著性水平为0.001;族群多样性指数平方项影响族际交往意愿的回归系数为−12.469,显著性水平为0.001。这综合说明族群多样性对少数族群整体的族际交往意愿的影响也是倒U形模式,通过数学计算得出倒U形的拐点为0.48。也就是说,族群多样性对汉族和少数族群整体的族际交往意愿都呈现出倒U形影响模式,倒U形的拐点都为0.48。

就不同少数族群大类而言,模型4~8显示,族群多样性对族际交往意愿的影响在不同少数族群大类中存在一定差异。对于维吾尔等族而言,族群多样性影响族际交往意愿的倒U形模式依然存在,倒U形的拐点为0.37。对于藏土等族和回族等族而言,族群多样性指数影响族际交往意愿的回归系数分别为7.132和6.165,显著性水平都为 0.01，但是族群多样性指数平方项对族际交往意愿的影响系数都没有通过显著性检验，综合说明族群多样性对藏土等族和回族等族的族际交往意愿的影响是线性提升模式，即族群多样性程度越高，族际交往意愿越强。对于满蒙等族和南方各族而言，族群多样性指数和族群多样性指数平方项对族际交往意愿的影响系数都没有通过显著性检验，说明族群多样性对满蒙等族和南方各族的族际交往意愿的影响都不明显。为了更清晰地展示族群多样性对族际交往意愿的影响效果，图 5－2 分别描绘了整体与各族群大类中的具体影响模式。

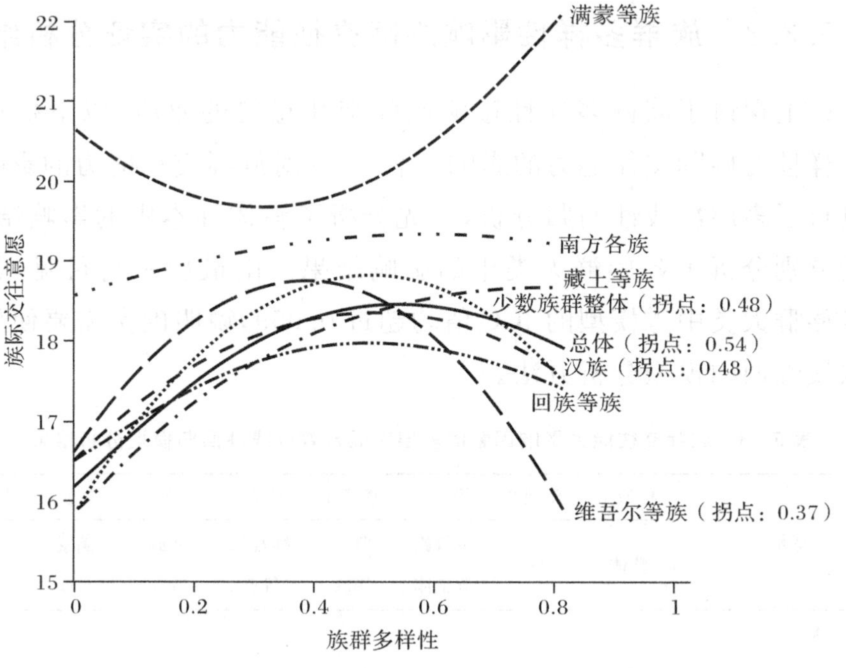

图 5－2　族群多样性与族际交往意愿

另外，表 5－2 也显示了随机效应部分和控制变量对族际交往意愿的影响。以整体为例，族群多样性指数对族际交往意愿截距的影响中随机部分为 4.76e-08，族群多样性指数平方项对族际交往意愿截距的影响中随机部分为 2.72e-06。这说明族群多样性指数和族群多样性指数平方项对族际交往意愿截距的影响中的随机部分都很小，即族群多样性指数和族群多样性指数平方项对族际交往意愿的影响程度在所有社区中几乎是一致的，变异很小。

控制变量部分，男性的族际交往意愿高于女性；年龄对族际交往意愿的影响不明显；已婚群体的族际交往意愿相对低于未婚群体；受教育程度越高，族际交往意愿越强；户口类型对族际交往意愿的影响不显著；个人年收入越高，族际交往意愿越强；社区层次的收入中值和收入差距对族际交往意愿的影响不显著。

5.3.3 族群多样性影响族际交往能力的实证分析结果

以上探讨了族群多样性影响族际交往意愿的效应，以下探讨族群多样性对族际交往能力的影响。表 5－3 对族际交往能力的影响因素进行了多层次线性回归分析，首先分析了整体样本中的影响结果，然后分别分析了各族群大类中的影响结果。由最后一行可见，整体与各族群大类中零模型的 ICC 值均超过 0.059，说明确实需要使用多层次线性回归模型分析方法。

表 5－3 族际交往能力影响因素的多层次混合效应线性回归模型分析结果

变量	模型 1	模型 2	模型 3	模型 4	模型 5	模型 6	模型 7	模型 8
	整体	汉族	少数族群整体	藏土等族	维吾尔等族	回族等族	满蒙等族	南方各族
个体层次								
性别（女性＝0）	0.978***	1.028***	0.924***	0.932***	1.670**	1.261***	－0.514	1.086**
	(0.141)	(0.137)	(0.248)	(0.354)	(0.661)	(0.487)	(1.246)	(0.518)
年龄	－0.020***	－0.002	－0.023**	－0.044***	－0.052**	0.005	－0.017	－0.025
	(0.006)	(0.006)	(0.010)	(0.014)	(0.026)	(0.020)	(0.050)	(0.021)
婚姻（未婚＝0）	－0.238	－0.294	0.061	－1.311**	－0.573	0.474	3.538*	1.991**
	(0.258)	(0.259)	(0.435)	(0.586)	(1.442)	(0.880)	(2.028)	(0.951)

续表

变量	模型 1 整体	模型 2 汉族	模型 3 少数族群整体	模型 4 藏土等族	模型 5 维吾尔等族	模型 6 回族等族	模型 7 满蒙等族	模型 8 南方各族
教育水平	0.146***	0.124***	0.221***	0.345***	0.286***	−0.006	0.228	0.146*
	(0.020)	(0.020)	(0.035)	(0.047)	(0.110)	(0.067)	(0.190)	(0.079)
户口类型(农村=0)	−0.034	0.021	0.286	1.434**	2.271**	−0.517	−2.959*	−0.234
	(0.217)	(0.205)	(0.386)	(0.597)	(1.016)	(0.697)	(1.638)	(0.799)
个人年收入	0.021	0.016	0.053	0.116	−0.514	0.177	0.640*	−0.105
	(0.022)	(0.018)	(0.073)	(0.114)	(0.380)	(0.127)	(0.373)	(0.132)
社区层次								
社区收入中值	−0.483***	−0.153	0.338	−0.219	2.030***	0.155	1.086	0.383
	(0.162)	(0.127)	(0.256)	(0.332)	(0.632)	(0.408)	(0.859)	(0.434)
社区收入差距	−0.007	−0.009	0.046	−0.041	0.195*	0.079	−0.142	−0.018
	(0.041)	(0.030)	(0.067)	(0.120)	(0.118)	(0.112)	(0.204)	(0.094)
族群多样性指数	18.030***	7.532***	22.943***	8.889*	15.032*	−1.993	−6.975	16.883**
	(2.952)	(2.348)	(4.365)	(5.086)	(8.027)	(9.313)	(20.805)	(7.779)
族群多样性指数平方项	−15.330***	−1.638	−32.289***	−7.700	−14.887	−2.604	9.489	−30.165***
	(5.357)	(4.390)	(7.031)	(9.067)	(11.849)	(13.736)	(26.494)	(11.654)
常数项	15.060***	12.148***	17.577***	20.147***	11.021***	21.901***	20.707***	19.425***
	(0.540)	(0.498)	(0.844)	(0.952)	(2.128)	(1.729)	(4.902)	(1.839)
随机效应部分								
SD(常数)	3.952	2.545	4.269	1.695	2.419	4.176	2.895	4.094
SD(残差)	5.179	4.049	5.281	4.629	4.470	3.954	6.933	6.029
SD(社区收入中值)	1.33e-08	8.74e-08	1.74e-09	1.84e-08	2.45e-07	9.78e-11	1.32e-10	3.09e-07
SD(社区收入差距)	5.60e-11	1.20e-08	3.80e-09	5.29e-07	1.64e-08	6.05e-11	1.14e-10	4.91e-10
SD(族群多样性指数)	3.45e-07	0.004	4.56e-09	3.88e-08	6.50e-07	2.44e-09	3.20e-10	1.06e-06
SD(族群多样性指数平方项)	4.06e-08	3.797	2.74e-08	1.10e-08	0.00002	3.17e-09	1.97e-10	3.00e-08
样本量	6642	4278	2364	795	244	389	160	776
组(社区)数	507	404	310	55	37	91	58	122
零模型的 ICC 值	0.413	0.332	0.448	0.180	0.526	0.534	0.147	0.078

注：* 表示 $p<0.05$，** 表示 $p<0.01$，*** 表示 $p<0.001$。

首先查看整体中族群多样性对族际交往能力的影响效应。表5-3中模型1显示，整体中，族群多样性指数影响族际交往能力的回归系数是18.030，显著性水平是0.001；族群多样性指数平方项影响族际交往能力的回归系数是－15.330，显著性水平是0.001。这综合说明族群多样性对族际交往能力的影响是倒U形模式，通过数学计算得出倒U形的拐点为0.59。这说明当族群多样性指数小于0.59时，随着族群多样性的不断增加，族际交往能力不断提高，但是当族群多样性大于0.59时，随着族群多样性的不断提高，族际交往能力则不断下降。其背后的现实含义是，在族群多样性较低和较高的社区，族际交往能力都比较低，族际交往能力的最高处为族群多样性处于中间状态的社区。

对比汉族和少数族群整体，如模型2显示，在汉族中，族群多样性指数影响族际交往能力的回归系数为7.532，显著性水平为0.001；族群多样性指数平方项影响族际交往能力的回归系数为－1.638，未通过显著性检验。这综合说明族群多样性对汉族的族际交往能力的影响是线性提升模式，即族群多样性程度越高，汉族的族际交往能力越强。模型3显示，在少数族群整体中，族群多样性指数影响族际交往能力的回归系数为22.943，显著性水平为0.001；族群多样性指数平方项影响族际交往能力的回归系数为－32.289，显著性水平为0.001。这综合说明族群多样性对少数族群整体的族际交往能力的影响是倒U形模式，通过数学计算得出倒U形的拐点为0.36。也就是说，族群多样性对汉族的族际交往能力呈现出线性提升影响模式，但是对少数族群的族际交往能力呈现出倒U形影响模式。

对比不同少数族群大类，模型4～8显示，族群多样性对族际交往能力的影响在不同少数族群大类中存在一定差异。对于南方各族而言，族群多样性影响族际交往能力的倒U形模式依然存在，倒U形的拐点为0.28。对于藏土等族和维吾尔等族而言，族群多样性指数影响族际交往能力的回归系数分别为 8.889 和 15.032，显著性水平都为 0.05，但是族群多样性指数平方项对族际交往能力的影响系数都没有通过显著性检验。这说明族群多样性对藏土等族和维吾尔等族的族际交往能力的影响是线性提升模式，即族群多样性程度越高，藏土等族和维吾尔等族的族际交往能力越强。对于回族等族和满蒙等族而言，族群多样性指数和族群多样性指数平方项对族际交往能力的影响系数都没有通过显著性检验，说明族群多样性对回族等族和满蒙等族的族际交往能力的影响都不明显。为了更清晰地展示族群多样性对族际交往能力的影响效果，图 5－3 分别描绘了整体与不同族群大类的具体影响模式。

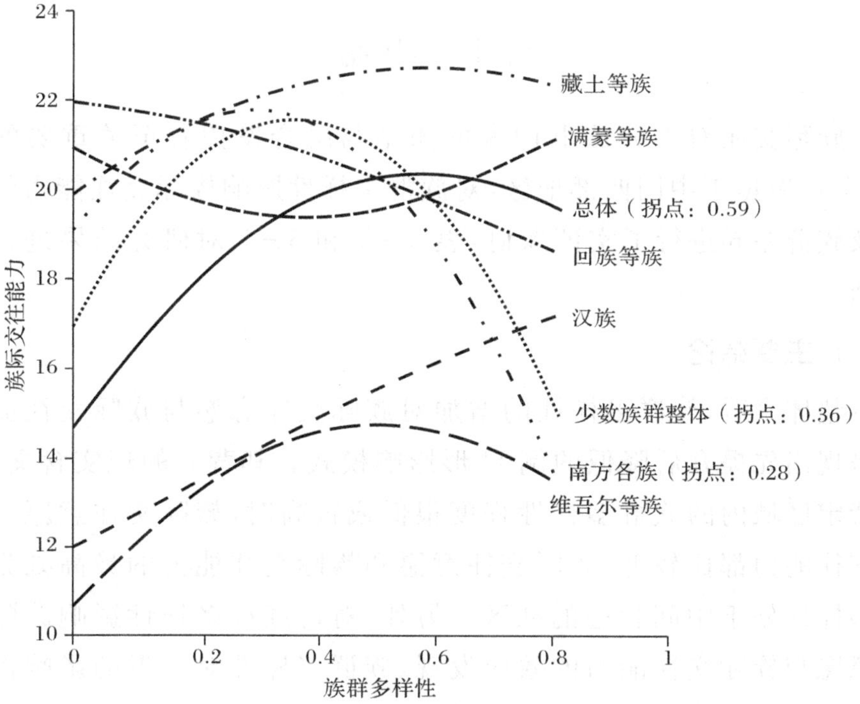

图 5－3　族群多样性与族际交往能力

另外，表 5－3 也显示了随机效应部分和控制变量对族际交往能力的影响。以整体为例，族群多样性指数对族际交往能力截距的影响中随机部分为3.45e-07,族群多样性指数平方项对族际交往能力截距的影响中随机部分为4.06e-08。这说明族群多样性指数和族群多样性指数平方项对族际交往能力截距的影响中的随机部分都很小,即族群多样性指数和族群多样性指数平方项对族际交往能力的影响程度对于所有社区而言几乎是一致的,变异很小。

控制变量部分,男性的族际交往能力高于女性;年龄越大,族际交往能力越低;婚姻状况对族际交往能力的影响不显著;受教育程度越高,族际交往能力越强;户口类型和个人年收入对族际交往能力的影响不明显;社区收入中值越高,族际交往能力越低;社区收入差距对族际交往能力的影响不明显。

5.4 小结

族际交往对多元族群国家的团结与融合发挥着至关重要的作用,本章聚焦于中国西部地区,对族群多样性影响族际交往能力的效应及族群差异进行了实证探讨,表5-4和5-5对研究结果进行了总结。

1. 主要结论

整体来看,族群多样性的增加对族际交往意愿与族际交往能力都呈现出先提升后降低的倒U形影响模式。其背后的现实含义是,当特定区域内的族群多样性程度很低或很高时,族际交往意愿与族际交往能力都比较低,族际交往意愿和族际交往能力的最高处为族群多样性处于中间状态的社区。另外,对比族群多样性影响族际交往意愿与族际交往能力的效应发现,族群多样性对二者的影响都是倒U形模式,只是倒U形模式的拐点存在差异,且族群多样性影响族际交往能力的倒U形模式相对更明显。

表 5-4　族群多样性影响族际交往意愿的模式总结

变量	整体	汉族	少数族群整体	藏土等族	维吾尔等族	回族等族	满蒙等族	南方各族
	族际交往意愿							
族群多样性指数	+	+	+	+	+	+	0	0
族群多样性指数平方项	—	—	—	0	—	0	0	0
综合影响模式	倒 U	倒 U	倒 U	线性提升	倒 U	线性提升	0	0
倒 U 形拐点	0.54	0.48	0.48		0.37			

注："+"表示正效应，"—"表示负效应，"0"表示影响效果不显著。

表 5-5　族群多样性影响族际交往能力的模式总结

变量	整体	汉族	少数族群整体	藏土等族	维吾尔等族	回族等族	满蒙等族	南方各族
	族际交往能力							
族群多样性指数	+	+	+	+	+	0	0	+
族群多样性指数平方项	—	0	—	0	0	0	0	—
综合影响模式	倒 U	线性提升	倒 U	线性提升	线性提升	0	0	倒 U
倒 U 形拐点	0.59		0.36					0.28

注："+"表示正效应，"—"表示负效应，"0"表示影响效果不显著。

分族群而言，族群多样性对族际交往意愿与族际交往能力的影响在不同族群大类中存在一定差异。对于汉族而言，族群多样性的增加对族际交往意愿的影响也是倒 U 形模式，但是族群多样性的增加对族际交往能力的影响呈现出线性提升影响模式。对于少数族群整体而言，族群多样性的增加对族际交往意愿与族际交往能力都呈现出倒 U 形的影响模式。

对于各少数族群大类而言，族群多样性对族际交往意愿与族际交往能力的影响模式存在一定差异。在藏土等族群体中,族群多样性对族际交往意愿和族际交往能力都呈现出线性提升的模式;在维吾尔等族群体中,族群多样性对族际交往意愿呈现出倒U形影响模式,但是族群多样性对族际交往能力呈现出线性提升模式;在回族等族群体中,族群多样性对族际交往意愿的影响是线性提升影响模式,但是族群多样性对族际交往能力的影响不明显;在满蒙等族群体中,族群多样性对族际交往意愿和族际交往能力的影响都不显著;在南方各族群体中,族群多样性对族际交往意愿的影响不明显,但是族群多样性对族际交往能力的影响是倒U形模式。

综上可见,相比于既有的有关族群多样性与族际交往关系的三种学术观点,本章的研究发现既存在相似之处,又有了新的推进。从整体来看:相似之处在于,族群多样性确实对族际交往产生着一定的影响效应,而且族群多样性影响族际交往的具体效应在中国西部地区的不同族群大类中确实存在一定差异;推进之处在于,已有研究认为族群多样性对族际交往的影响是一种线性模式[52,235,351,359,362],然而本章的分析发现表明在中国西部地区并非如此,即族群多样性对族际交往的影响既不是完全积极的,也不是完全消极的,而是在整体中表现为倒U形影响模式。因此,本章的研究发现将有利于进一步拓展此议题的实践经验与理论认识,也对促进多元族群地区族际交往的措施选择与实施提供了一定的政策启示。

2. 倒U形模式原因解析

如何解释整体中族群多样性影响族际交往的倒U形模式?这应该内在地反映了族际交往背后个体偏好和机会结构的双重作用。如同第4章,本章在此分别从理论和实证两方面进行拓展分析。

理论上,基于已有的族际交往假设[48,52],族际交往主要受到个体偏好机制和机会结构机制的综合影响。一方面,从个体偏好的视角来看,族际交往的偏好差异导致了族际交往意愿的差异。因为不同族群具有不同的宗教信仰、生活习惯、历史经验，基于族际之间的经济依赖度、信仰亲缘性、风俗相近性的差异，会形成不同的族际交往偏好。另一方面，从机会结构的视角来看，族群分布的结构差异导致了族际交往能力的高低差异。比如，多数族群的人口比例大于少数族群，具有比少数族群更多的同族性网络，族际交往的机会更小，所以移民或少数族群的族际交往能力往往大于原住民或多数族群。

基于上述分析，结合日常生活中的经验观察，这里对为何会呈现出倒 U 形的影响模式提出一个基础性的解释框架。就族际交往意愿而言：①对于占比较高的居民来说，在族群多样性较低的社区中，多数居民由于是优势群体，因此与其他少数居民交往的意愿会较低；随着族群多样性的增加，多数居民的优势相对降低，少数居民的规模与优势逐渐上升，因此多数居民与少数居民交往的意愿会不断提升。②对于占比较低的居民来说，在族群多样性较低的社区，由于多数居民是优势群体，因此少数居民与多数居民交往的意愿很高；随着族群多样性的增加，少数居民的规模与优势逐渐上升，从而整体上会观察到少数居民的跨族群交往意愿不断提升且达到最高值；但是，当族群多样性增加到最大化即不同族群占比相当、优势相对平衡时，也许在内部就能满足自身所需，因此少数居民会逐渐更倾向于进行族内交往（也可以描述成一种“抱团”现象），从而表现为少数居民的跨族群交往意愿会出现下降。这整体上表现为多数居民和少数居民的族际交往意愿随着族群多样性的不断提高从差距悬殊变化为相对均衡。

就族际交往能力而言：①对于占比较高的居民来说，在族群多样性较低的社区中，由于其是优势群体，因此与其他少数居民进行交往的能力较低；随着族群多样性的增加，多数居民的优势相对降低，少数居民的规模与优势逐渐上升，因此多数居民成员有更多的机会接触到少数居民，从而使其跨族群交往的能力不断提升。②对于占比较低的族群来说，在族群多样性较低的社区，多数居民由于是优势群体，因此少数居民与多数居民交往的能力会很高；随着族群多样性的增加，少数居民的规模与优势逐渐上升，因此多数居民有更多的机会接触到少数居民，但是少数居民接触多数居民的机会反而越来越少，从而整体上会表现为少数居民的跨族群交往能力不断下降。这整体上表现为多数居民和少数居民的族际交往能力随着族群多样性的不断提高从差距悬殊变化为相对均衡。

那么，上述解释框架是否符合现实呢？以下做了进一步分析：①按照每条倒U形曲线的拐点值，将族群多样性的取值按照从低到高分成三段，划分的标准是保证每个段内有大致相等且可比的样本量，同时要保证拐点处于第二段内。②按照每个社区族群多样性指数的具体取值，可将其归入三段中的某一段，从而将所有社区分成对应的三类：第一类社区的族群异质性最低，第二类社区的族群异质性居中，第三类社区的族群异质性最高。其现实含义是，从第一类社区到第三类社区，社区居民所属的族群身份越来越不一样（即类别越来越多），同时不同族群居民所占的比例也越来越接近。以总样本这条曲线为例，其族群多样性影响族际交往意愿的倒U形模式拐点值为0.54，据此生成的三段分别是0～0.10（对应第一类社区）、0.11～0.62（对应第二类社区）、0.63～1（对应第三类社区），若某一个社区的族群多样性指数为0.398，则这一社区将被归到第二类社区。③针对每个社区，统计出其中占比最多的居民、其他居民（即相对少数的居民），由此可将社区的每位成员划归为这两类中的某一类，然后分别计算出每一类居民的族际交往意愿和族际交往能力的均值。具体结果见表5-6和5-7。

表 5-6　各族群在族群多样性指数不同社区的族际交往意愿均值

社区类别	居民所属类别	整体	汉族	少数族群整体	藏土等族	维吾尔等族	回族等族	满蒙等族	南方各族
第一类社区	占比最多的居民	17.21	17.53	16.74	15.10	16.71	17.15	17.63	19.10
	其他(少数)居民	19.41	19.43	19.54	20.00	18.82	19.17	19.64	20.20
第二类社区	占比最多的居民	18.59	18.52	18.56	17.07	19.93	17.43	18.39	19.77
	其他(少数)居民	19.59	19.45	19.60	19.38	19.00	18.51	19.45	20.29
第三类社区	占比最多的居民	18.91	19.29	19.29	17.72	18.03	18.58	18.84	19.79
	其他(少数)居民	18.77	19.23	19.23	18.57	18.36	18.83	18.40	19.68

表 5-7　各族群在族群多样性指数不同社区的族际交往能力均值

社区类别	居民所属类别	整体	汉族	少数族群整体	藏土等族	维吾尔等族	回族等族	满蒙等族	南方各族
第一类社区	占比最多的居民	15.56	14.44	17.24	18.30	15.06	17.11	13.47	17.49
	其他(少数)居民	23.85	23.52	23.61	18.17	23.86	22.72	25.21	24.13
第二类社区	占比最多的居民	17.84	17.45	17.62	20.39	18.88	18.54	14.51	17.41
	其他(少数)居民	21.72	21.51	22.23	21.15	19.10	20.62	24.22	23.59
第三类社区	占比最多的居民	21.66	17.95	19.29	21.33	21.72	19.90	23.25	17.15
	其他(少数)居民	21.19	20.00	19.28	24.16	21.82	22.41	22.13	19.42

以表 5-6 中所有样本即整体的族际交往意愿为例，从异质性最低的第一类社区到异质性最高的第三类社区，其中占比最多的居民的族际交往意愿的均值从 17.21 上升到 18.59 再上升到 18.91，而占比较低的其他居民的族际交往意愿的均值从 19.41 上升到 19.59 再下降到 18.77。多数和少数居民的族际交往意愿从第一类社区（族群多样性低的社区）的差距悬殊变化到第三类社区（族群多样性高的社区）的基本均衡。各族群中族际交往意愿的变化也基本遵循这一趋势。

以表 5-7 中所有样本即整体的族际交往能力为例，从异质性最低的第一类社区到异质性最高的第三类社区，其中占比最多的居民的族际交往能力的均值从 15.56 上升到 17.84 再上升到 21.66，而占比较低的其他居民的族际交往能力的均值从 23.85 下降到 21.72再下降到 21.19。各族群中族际交往能力的变化也基本遵循这一趋势。

可见数据结果与前面的解释框架比较吻合：随着社区内族群异质性的增加，比例占优的多数居民由于相对优势不断下降，多数居民的族际交往意愿和族际交往能力因而不断上升，而占比较低的其他居民的人数及优势却随之不断增加，这使得少数居民的族际交往意愿不断上升而族际交往能力有所下降；当这两大类居民占比相当——进入第三类社区的状态时，这两类居民的族际交往机会处于比较均衡的状态，从而多数居民的族际交往意愿和能力继续上升，而少数居民的族内交往机会不断增加、族际交往机会不断降低，从而少数居民的族际交往意愿和族际交往能力都有所下降。这整体上表现为多数居民和少数居民的族际交往意愿和族际交往能力随着族群多样性的不断增加从差距悬殊变化为相对均衡。

以上结果说明，族群多样性对族际交往的积极影响存在一定的限度，而且这一限度在不同族群中存在一定差异。那么，族群多样性通过族际交往对社会信任的影响是否也存在一定的限度？第 6 章将对此做出探讨。

第6章

族群多样性、族际交往与社会信任的综合效应

第4章和第5章分别探讨了族群多样性对社会信任与族际交往的影响，发现了族群多样性影响社会信任的U形模式和族群多样性影响族际交往的倒U形模式。在现实生活中，族群多样性还会通过族际交往作用于社会信任。以上的作用分析虽然能够简洁、有效地展现族群多样性分别对社会信任和族际交往的直接影响，但是不能完整和详尽地展现族群多样性如何通过族际交往对社会信任产生间接影响。因此，本章需要运用多层次一般化结构方程模型对族群多样性、族际交往与社会信任之间的综合效应进行更精细的估计。

正如相关研究所证明的，族群多样性对社会信任的影响可能会受到族际交往这一中介因素的潜在影响[16]。不过，已有研究主要关注了积极性（朋友）、中立性（偶遇）或消极性（歧视）族际交往形式的中介作用[48]，而对决定族际交往形态的主观族际交往意愿与客观族际交往能力的中介作用还探讨得比较少，这是本章试图弥补的空白。另外，既有研究发现，族群多样性与社会信任之间的作用关系在不同地区、不同群体之间呈现出差异性[9]。基于此发现，本章也将试图探讨族际交往的中介效应在中国的不同族群大类中的差异。

围绕上述两个问题，本章的基本结构如下：首先，针对族群多样性、族际交往与社会信任的关系及族群差异，进行文献回顾和梳理；其次，运用调查数据，使用多层次一般化结构方程模型进行实证分析，揭示族群多样性、族际交往与社会信任之间的数理结构关系，并展示这些结构关系在不同族群间的差异；最后，对研究结果进行总结。

6.1　综合效应的研究回顾

已有研究主要关注的是族群多样性对社会信任的削弱作用，对于族群多样性影响社会信任的作用机制，则主要关注了社会控制和群体偏好机制。因为从社会控制的视角来看，群体内部所具有的社会认可和社会控制力，能够在一定程度上加强群体内的合作与规范[364]。但是，社会控制或社会认可往往在同质性高的群体中的影响更为显著，因为同质性群体中的社会网络比异质性群体更为紧密，对社会信任的影响力更强[303]。另外，从群体偏好的视角来看，人们更倾向于和与自己具有相似性的成员交往，对具有相似性背景的人们的信任程度会更高[250]。对外族群的偏见和对内群体的偏好，在一定程度上降低了人们参与族际公共事项的积极性[37]，这一积极性与社会信任的形成紧密相关[365]。

有关族群多样性与社会信任关系的议题依然是一个开放性的议题，许多不被察觉的因素被认为潜在地影响着二者的关系。但是相对而言，族际交往是所有族群多样性影响社会信任的解释机制中最为重要的机制。因为人们通常更相信那些与他们有过很长时间交往和互动的人们[48]。那些参与了更多族际交往的人们和那些有更多机会去了解其他族群成员的人们的信任程度，应该比那些没有或者很少参与族际交往的人们，会更少地受到族群多样性的消极影响。已有研究因此强调族群多样性与社会信任之间的消极关系可以通过族际的联系与交往而得到消解。一些研究因此从“交往理论”的角度来解释群际关系，强调不同群体成员进行个体基础上的互动和联系（这一互动条件包括亲密、平等、共同目标、制度支持）对群际关系的重要意义[51]。一些研究区分了与其他族群的“接触”和“交往”，认为“接触”对于互动的类型和质量没有太大影响，但是“交往”会涉及与其他族群的亲密互动，即族群多样性对社会信任的影响取决于社会环境中的交往程度[240]。族群多样性对群际关系的作用在很大程度上依赖于多样性背景中的互动类型[366]。族际交往的不断增加会降低对其他族群的偏见，消除族际焦虑，增加同理心，改善族际态度[50,367]，族际交往的质量和数量都会影响到族际关系[355]。也就是说，族群多样性对社会信任的影响应当取决于族际互动的本质，积极的族际交往会减少消极的刻板印象，改善消极的族际态度，削弱同质性的内族群认知，模糊族际界限，为社会信任的发展提供空间。

社会心理学也正是强调族群多样性背景增加了认知群体威胁和参与族际交往的机会[368]，强调族际交往在一定程度上降低了族际偏见和歧视[52]。根据这一观点，当人们之间的社会距离越小的时候，人们就会形成一种亲密感和认同感，因此更加容易相互合作和信任；反之，当社会距离越大的时候，人们就越容易将对方视为不同类别的成员。所以，族群多样性背景中的群体威胁感主要来源于因为缺乏族际交往而产生的对外族群的担心和消极认知。即来自不同种族、族群或者阶级背景的个体之间如果缺乏直接交往或者持续认知，会因为信息的不完整和已有的刻板印象而存在持续的偏见。因此，在族群多样性背景下，与其他族群成员互动更少的人们，其族际态度会更加消极[251,257]。或者说，当族群多样性本身（缺乏交往）可能会降低社会信任时，与其他群体成员的实质性互动对此会有积极的抵消作用[16]。比如，在族群多样性背景下与邻居的聊天可以有效降低邻里族群多样性对社会信任的消极影响。所以，不是族群多样性本身，而是族群之间的社会隔离（缺乏族际交往），对社会信任产生了消极作用[13]。虽然族群多样性可能会对社会信任产生消极影响，但是跨文化的交往可以大大减少这种消极影响，例如亲密的跨族群友谊或者微弱的跨文化家庭拜访，都可以缓解族群多样性对社会信任的消极影响[40]。

另一种强调交往环境的方法也表明，任何类型的跨族群交往和居住一体化都能显著减少群体间的偏见。比如，在族群多样性的背景下，人际交往对人际信任等这种更具有普遍性的态度存在更积极的影响[256]。居住在异族社区的人们对外来群体的态度更积极，而那些更多生活在自己种族群体中的人们对外来群体持更负面的看法，并且认为外来群体的竞争更激烈[258]。这说明多样性很可能对个人与其他邻居互动的倾向产生负面影响，然而，一旦这种互动发生，它的影响将是积极的：种族敌意和偏见的态度被克服，个人变得更有利于与其他人交往。也有的研究发现，社会信任程度在混合（白人与黑人）社区中高于纯黑人社区，这说明族际互动在族群多样性背景下对于提升社会信任有着重要的意义[256]。一些研究因此检测了族群多样性与社会信任之间的中介效应，比如，与邻居聊天[234]、会说其他族群的语言[369]、拥有移民同事[240]、与移民交往[370]等方面的族际交往，结果显示族群多样性在这些类型的族际交往的中介效应下使得消极影响更小、积极影响更大，但是影响系数存在很大差异。这说明族际交往机制在族群多样性与社会信任之间发挥着积极的作用，与其他族群成员进行积极交往的频率越高，对其他族群成员的信任程度相应越高，这一针对特定群体的信任也可以扩展至更广泛的社会信任。从交往理论的视角来看，与其他族群的交往在一定程度上会对环境有所改善，比如减少消极的刻板印象，促进积极关系的建立。也就是说，族群多样性增加了族际交往的机会和能力[366]，这将会影响到族群多样性与社会信任的关系，即族群多样性本身可能对社会信任产生消极作用，但是相应的族际交往的增加，又会对社会信任产生积极作用[38,238]。

然而，根据群体威胁理论，族群多样性对群际关系的影响既不是完全消极的，也不是完全积极的[371]。一些针对族际交往在族群多样性与族际关系之间作用的研究，所得出的结论也不尽一致[48,372]。有的研究强调族群多样性与社会信任之间的消极关系会因为族际交往的中介作用而被削弱，即族际交往减弱了族群多样性对社会信任的消极影响[16]。一些研究强调，与外族群成员交往越多，族群多样性与社会信任之间的消极关系越容易被减弱。还有的一些研究认为族际交往对于社会信任来说其实是一种潜在的风险，因为有可能会发生一些蕴含不准确信息和偏见的交往。也就是说，在族群多样性背景下，族际交往究竟是提升还是降低族际偏见，其主要取决于交往的条件和质量。即族际交往的效应是存在条件和限度的，在一定的条件下能够通过增进了解、缓解焦虑、产生共情而对改善族际关系产生积极效应，在一定的条件下也可能通过增加矛盾和冲突对族际关系的改善起到消极作用。这也综合说明，族际交往在族群多样性与社会信任之间的中介作用可能既不是完全正向的，也不是完全负向的，其积极效应有可能存在一定的限度性和条件性。

6.2 综合效应与族群差异的研究回顾

综合来看，大多数研究从多数族群的视角研究了族群多样性与社会信任的作用关系。但是，那些对比了少数族群和多数族群的研究证明，这一作用关系在两类群体中的表现存在差异。例如，针对英国不同族群的研究发现，来自加勒比海和非洲的黑人，对自身族群关注的越多，则对邻居的信任度越低；但是，对于英国白人，若对邻里中自身族群的关注越多，则对邻居的信任度越高[325]。这说明族群多样性增加了族际交往机会，尤其增加了多数族群的族际交往机会。其导致的结果是，族群多样性高的邻里间，本地多数族群与同族群成员交往的机会变得更少，而少数族群与同族群成员交往的机会则维持不变甚至变得更多。也就是说，族群多样性越高，多数族群遇到少数族群成员的机会越大，而少数族群遇到多数族群成员的机会越小；反之亦然[326]。族群多样性背景下不同族群族际交往结构和机会的差异，也会对不同族群的社会信任结构产生不同影响。比如，多数族群会因为族群多样性的增加导致族际交往机会增多，可能对社会信任产生消极影响；与之相反，少数族群会因为族群多样性的增加导致族际交往机会减少，也可能对社会信任产生积极影响。这说明对族群多样性、族际交往与社会信任的综合关系进行分族群的探讨尤为必要。

有关中国社会中交往与信任的研究也关注了诸多交往功能及群体差异的影响，但是整体上，与族群差异相关的族际交往与社会信任关系研究还比较少。相关研究强调，对社会团体的参与或者社会交往机会的增加会提升人们的社会信任程度。比如，扩大和提高社会交往的范围和频率可以显著正向地提升社会信任程度[264]，与邻居间的规律交流能够降低种族和族群对社会信任的消极影响力[16]。这主要是因为，社会信任通常是通过人与人之间的交往形成的，如果缺乏交往关系，即使相关的经验和物质都很丰富，但是缺乏交往对象的生动回应，社会信任还是难以形成[187]。相对而言，中国男性群体对陌生人的信任程度高于女性，这主要是由于不同性别的社会资本的不同所导致的[349]。因为女性社会交往的对象更多地是基于血缘关系，男性社会交往的对象更多地扩展到血缘关系之外，正是这种社会交往结构的差异导致了男性和女性社会信任的差异。相关研究综合表明，无论是在任何时期，与群体特征相关的社会交往制约和决定着社会信任的形态，同时这一社会信任形态又反作用于社会交往的结构。

在多元族群的社会，族际交往以不同的形式影响着不同群体中族群多样性与社会信任的关系。相对而言，已有研究主要关注了西方国家的朋友、熟人、邂逅、伤害、虐待等形式的族际交往所具有的积极性和消极性中介作用[48]。在中国社会，族群多样性背景下的族际交往也有可能作为一种对抗紧张和偏见的有效手段，因此对中国社会的族群多样性、族际交往与社会信任的族群差异进行具体考察也尤为必要。中国的不同族群在语言文字、风俗习惯、生活方式等方面存在一定差异，族群之间在文化方面的互动和交流对族际关系产生了重要影响[373]，不同族群成员基于语言、习惯、生活差异所形成的不同的族际交往意愿和能力，决定了族际交往的质量和效果。因此，本书主要将族际交往具体分为主观的族际交往意愿和客观的族际交往能力两种类型，探讨族际交往意愿和族际交往能力影响族群多样性与两类不同信任（特殊信任与普遍信任）之间关系的族群差异。

6.3 综合效应的实证分析

6.3.1 变量描述

统计分析剔除缺失值后，共有 6633 个全样本，其中汉族样本量是 4271，少数族群样本总量是 2362。表 6-1 显示了整体、汉族、少数族群整体和少数族群大类样本的描述性统计结果。

表 6-1　样本基本情况

变量	取值范围	整体 (6633)	汉族 (4271)	少数族群整体 (2362)	藏土等族 (794)	维吾尔等族 (244)	回族等族 (389)	满蒙等族 (160)	南方各族 (775)
		均值(标准差)或百分比							
因变量									
特殊信任	2～10	8.01 (1.53)	7.84 (1.49)	8.33 (1.53)	9.02 (1.21)	8.56 (1.45)	7.91 (1.46)	8.13 (1.36)	7.81 (1.63)
普遍信任	2～10	4.68 (1.50)	4.70 (1.46)	4.65 (1.57)	4.49 (1.58)	4.25 (1.57)	4.80 (1.54)	4.91 (1.61)	4.82 (1.52)
核心自变量									
族群多样性指数	0～0.81	0.16 (0.19)	0.14 (0.18)	0.20 (0.21)	0.08 (0.14)	0.17 (0.25)	0.24 (0.21)	0.38 (0.15)	0.27 (0.22)
族群多样性指数平方项	0～0.65	0.06 (0.11)	0.05 (0.09)	0.09 (0.13)	0.03 (0.07)	0.09 (0.16)	0.10 (0.13)	0.17 (0.12)	0.12 (0.14)
中介变量									
族际交往意愿	5～25	17.98 (3.54)	18.09 (3.43)	17.80 (3.72)	15.72 (3.67)	17.08 (3.44)	17.59 (2.96)	19.60 (2.89)	19.89 (2.99)
族际交往能力	7～35	16.56 (6.82)	13.82 (4.88)	21.50 (7.02)	19.23 (5.61)	16.68 (6.59)	22.87 (5.47)	25.69 (7.78)	23.80 (7.40)
控制变量									
女性	0～1	49.22%	51.37%	45.34%	43.45%	38.52%	55.53%	52.50%	42.84%
年龄/岁	18～99	44.83 (14.57)	46.33 (14.79)	42.10 (13.75)	42.40 (14.07)	40.39 (12.86)	40.21 (14.30)	43.96 (14.86)	42.89 (13.03)
未婚	0～1	9.47%	9.37%	9.65%	11.84%	5.33%	9.00%	11.25%	8.77%
教育水平/年	0～19	8.04 (4.52)	8.96 (4.16)	6.36 (4.67)	3.15 (4.09)	7.99 (3.30)	6.69 (4.62)	9.83 (4.17)	8.26 (3.76)
农村户口类型	0～1	57.36%	46.13%	77.69%	86.02%	83.61%	64.01%	46.25%	80.65%
个人年收入/万元	0～150	1.29 (3.08)	1.42 (3.61)	1.06 (1.76)	0.99 (1.62)	0.85 (0.96)	0.93 (1.97)	1.53 (1.86)	1.17 (1.94)
社区收入中值/万元	0.2～8	2.18 (1.20)	2.37 (1.19)	1.84 (1.13)	1.68 (1.00)	1.62 (1.00)	2.01 (1.46)	2.48 (0.96)	1.85 (1.09)
社区收入差距/万元	0.22～61.94	2.94 (4.73)	3.10 (5.20)	2.64 (3.72)	2.39 (2.62)	1.91 (4.31)	3.37 (5.19)	3.42 (3.39)	2.60 (3.58)

整体来看，特殊信任的均值为8.01，普遍信任的均值为4.68。少数族群整体的特殊信任程度（均值8.33）高于汉族的特殊信任程度（均值7.84），但是其普遍信任程度（均值4.65）低于汉族的普遍信任程度（均值4.70）。族群多样性指数的取值范围为0～0.81，均值为0.16，除藏土等族之外，少数族群居住区内的族群多样性指数普遍高于汉族。整体中族际交往意愿与族际交往能力的均值分别为17.98和16.56，少数族群整体的族际交往能力高于汉族的族际交往能力，但是少数族群整体的族际交往意愿低于汉族的族际交往意愿。

控制变量中，整体中女性所占比例为49.22%；年龄从18到99岁，均值约为45岁；未婚者所占比例为9.47%；平均受教育年限为8.04年，相当于初二水平；农村户口所占比例为57.36%；个人年收入的最低值为0万元，最高值为150万元，平均值为1.29万元；社区收入中值的范围为0.2万元～8万元，均值为2.18万元；社区收入差距的平均值为2.94万元，范围为0.22万元～61.94万元。

6.3.2 族群多样性、族际交往与特殊信任的综合效应

首先来分析族群多样性、族际交往与特殊信任的综合效应，具体结果如表6-2所示。

表6-2 族群多样性、族际交往与特殊信任的综合效应的多层次一般化结构方程模型分析

自变量	因变量	模型1	模型2	模型3	模型4	模型5	模型6	模型7	模型8
		整体	汉族	少数族群整体	藏土等族	维吾尔等族	回族等族	满蒙等族	南方各族
		路径系数							
族群多样性指数	特殊信任	−2.598***	−1.743***	−5.015***	−3.074***	−5.519***	−2.298*	−4.623	−3.337***
		(0.487)	(0.545)	(0.707)	(1.157)	(1.439)	(1.204)	(3.152)	(1.186)
	族际交往意愿	7.568***	6.455***	13.038***	6.875**	13.429***	6.005***	−3.199	2.132
		(0.644)	(1.144)	(1.593)	(3.503)	(5.072)	(2.164)	(7.139)	(1.876)

续表

自变量	因变量	模型 1	模型 2	模型 3	模型 4	模型 5	模型 6	模型 7	模型 8
		整体	汉族	少数族群整体	藏土等族	维吾尔等族	回族等族	满蒙等族	南方各族
		路径系数							
族群多样性指数	族际交往能力	17.488***	7.581***	28.801***	17.287***	25.339***	−0.377	−1.300	15.939**
		(2.946)	(2.225)	(3.840)	(5.181)	(9.376)	(8.946)	(20.920)	(7.588)
	特殊信任	3.182***	2.417**	6.053***	4.389**	8.011***	3.871**	7.327*	3.274*
		(0.873)	(1.004)	(1.128)	(2.072)	(2.098)	(1.894)	(4.029)	(1.796)
族群多样性指数平方项	族际交往意愿	−6.791***	−6.485***	−13.639***	−3.218	−15.774**	−5.076	7.262	−1.715
		(1.161)	(2.123)	(2.626)	(6.269)	(6.651)	(3.531)	(9.097)	(2.887)
	族际交往能力	−14.254***	−1.814	−40.031***	−19.358**	−19.946	−3.419	3.145	−29.510***
		(5.351)	(4.037)	(6.296)	(9.301)	(14.496)	(13.288)	(26.597)	(11.411)
族际交往意愿	特殊信任	0.025***	0.034***	0.016	0.016	0.044	0.046*	0.041	0.042**
		(0.006)	(0.007)	(0.010)	(0.013)	(0.029)	(0.026)	(0.036)	(0.020)
族际交往能力	特殊信任	0.012***	0.013**	0.005	0.015	−0.006	0.028**	0.008	−0.001
		(0.003)	(0.005)	(0.005)	(0.009)	(0.017)	(0.013)	(0.013)	(0.008)
控制变量	特殊信任								
性别（女性=0）		0.173***	0.176***	0.112*	0.154*	0.150	−0.246	0.585***	0.016
		(0.037)	(0.047)	(0.062)	(0.087)	(0.187)	(0.156)	(0.208)	(0.125)
年龄		0.008***	0.009***	0.012***	0.007*	0.015**	0.019***	0.003	0.019***
		(0.002)	(0.002)	(0.002)	(0.003)	(0.007)	(0.006)	(0.008)	(0.005)
婚姻（未婚=0）		−0.030	−0.007	−0.105	−0.084	0.849**	−0.081	0.019	−0.202
		(0.068)	(0.087)	(0.107)	(0.144)	(0.406)	(0.276)	(0.355)	(0.227)
教育水平		−0.008	0.012*	−0.024***	−0.023**	−0.037	−0.016	−0.035	0.016
		(0.005)	(0.007)	(0.008)	(0.012)	(0.030)	(0.021)	(0.032)	(0.019)
户口类型（农村=0）		−0.109**	−0.077	−0.098	−0.243*	0.245	−0.157	−0.114	−0.111
		(0.054)	(0.064)	(0.091)	(0.147)	(0.264)	(0.184)	(0.274)	(0.182)
个人年收入		−0.002	−0.005	0.009	−0.047*	0.039	0.057	0.098	−0.001
		(0.006)	(0.006)	(0.018)	(0.028)	(0.104)	(0.039)	(0.064)	(0.032)

续表

自变量	因变量	模型1	模型2	模型3	模型4	模型5	模型6	模型7	模型8
		整体	汉族	少数族群整体	藏土等族	维吾尔等族	回族等族	满蒙等族	南方各族
		路径系数							
社区收入中值		−0.071** (0.028)	−0.048 (0.031)	−0.002 (0.043)	0.119 (0.076)	−0.236** (0.115)	−0.057 (0.060)	−0.274** (0.131)	0.017 (0.075)
社区收入差距		−0.006 (0.007)	−0.003 (0.007)	−0.026** (0.011)	0.005 (0.027)	−0.032 (0.022)	−0.008 (0.014)	−0.031 (0.031)	−0.046*** (0.018)
常数项		7.397*** (0.147)	6.728*** (0.188)	8.130*** (0.228)	8.246*** (0.320)	7.299*** (0.706)	6.278*** (0.600)	8.277*** (1.047)	6.782*** (0.519)
样本量		6633	4271	2362	794	244	389	160	775

注：* 表示 $p<0.05$，** 表示 $p<0.01$，*** 表示 $p<0.001$。

1. 整体中族群多样性、族际交往与特殊信任的综合效应

表6-2的模型1显示：从模型1整体中的直接效应来看，族群多样性指数、族群多样性指数平方项影响特殊信任的回归系数分别为−2.598和3.182（均在0.001水平上显著），表明族群多样性对特殊信任存在直接的影响，且依然是一种U形模式，U形的拐点即最低点（底点）是族群多样性指数为0.41时。

从族群多样性通过族际交往意愿影响特殊信任的间接效应来看：族际交往意愿影响特殊信任的回归系数为0.025，显著性水平为0.001；另外，族群多样性指数、族群多样性指数平方项影响族际交往意愿的回归系数分别为7.568和−6.791（显著性水平均为0.001），即族群多样性的增加对族际交往意愿的影响是一种倒U形模式，且拐点即最高点（顶点）是族群多样性指数为0.56时。其蕴含的现实含义在于，族群多样性可以通过族际交往意愿对特殊信任产生一定的提升作用，但是这一提升作用存在一定的限度。

综合上述直接效应、间接效应两方面的结果可以推出：当族群多样性指数小于0.41时，随着族群多样性指数的上升，族群多样性对特

殊信任的直接性的负向影响不断减小，而族群多样性通过族际交往意愿对特殊信任的间接性的正向影响不断增大；当族群多样性指数介于 0.41 到 0.56 之间时，随着族群多样性指数的上升，族群多样性对特殊信任的直接性的正向影响不断增大，同时其通过族际交往意愿对特殊信任的间接性的正向影响也不断增大；当族群多样性指数大于 0.56 时，随着族群多样性指数的上升，族群多样性对特殊信任的直接性的正向影响不断增大，不过其通过族际交往意愿对特殊信任的间接性的正向影响不断减小。

从族群多样性通过族际交往能力影响特殊信任的间接效应来看：族际交往能力的提升会显著增强特殊信任（回归系数为 0.012，显著性水平为 0.001）；另外，族群多样性指数、族群多样性指数平方项影响族际交往能力的回归系数分别为 17.488 和－14.254（显著性水平均为 0.001），即族群多样性的增加对族际交往能力的影响是一种倒 U 形影响模式，且拐点即最高点是族群多样性指数为 0.61 时。

综合上述直接效应、间接效应两方面的结果可以推出：族际交往能力在族群多样性和特殊信任之间发挥着部分的中介效应。当族群多样性指数小于 0.41 时，随着族群多样性指数的上升，族群多样性对特殊信任的直接性的负向影响不断减小，而族群多样性通过族际交往能力对特殊信任的间接性的正向影响不断增大；当族群多样性指数介于 0.41 到 0.61 之间时，随着族群多样性指数的上升，族群多样性对特殊信任的直接性的正向影响不断增大，同时其通过族际交往能力对特殊信任的间接性的正向影响也不断增大；当族群多样性指数大于 0.61 时，随着族群多样性指数的上升，族群多样性对特殊信任的直接性的正向影响不断增大，不过其通过族际交往能力对特殊信任的间接性的正向影响不断减小。其蕴含的现实含义在于，族群多样性可以通过族际交往能力对特殊信任产生一定的提升作用，但是这一提升作用存在一定的限度。

综合而言，在整体中，族群多样性对特殊信任的影响存在双重机制。族群多样性对特殊信任不仅存在U形模式的直接影响，族群多样性还可以通过族际交往意愿和族际交往能力对特殊信任发挥一定的间接提升作用①，但是这一提升作用存在一定限度。

2. 汉族中族群多样性、族际交往与特殊信任的综合效应

表6-2的模型2显示，对于汉族而言，族群多样性指数、族群多样性指数平方项影响特殊信任的回归系数分别为－1.743和2.417（显著性水平分别为0.001和0.01），这表明族群多样性对特殊信任存在直接的作用效应，且依然是一种U形模式，U形的拐点即最低点是族群多样性指数为0.36时。

从族群多样性通过族际交往意愿影响特殊信任的间接效应来看：族际交往意愿影响特殊信任的回归系数为0.034（显著性水平为0.001）；另外，族群多样性指数、族群多样性指数平方项对族际交往意愿的影响系数分别为6.455和－6.485（显著性水平均为0.001），说明族群多样性对族际交往意愿的影响是倒U形模式，通过数学计算得出倒U形的拐点为0.50。

综合上述直接效应、间接效应两方面结果可以推出：在汉族中，族际交往意愿在族群多样性与特殊信任之间发挥着部分的中介效应。当族群多样性指数小于0.36时，随着族群多样性指数的上升，族群多样性对特殊信任的直接性负向影响不断减小，而族群多样性通过族际交往意愿对特殊信任的间接性正向影响不断增大；当族群多样性指数介于0.36到0.50之间时，随着族群多样性指数的上

① 本研究还另外运用多层次混合效应线性回归模型分析方法单独计算了族际交往意愿与族际交往意愿平方项、族际交往能力与族际交往能力平方项分别对特殊信任与普遍信任的影响。统计结果显示：族际交往意愿平方项与族际交往能力平方项对特殊信任与普遍信任的影响并不明显，而族际交往意愿和族际交往能力对特殊信任与普遍信任的影响与多层次一般化结构方程模型中的统计结果趋势基本一致。文中因此只展示多层次一般化结构方程模型中族际交往意愿和族际交往能力影响特殊信任和普遍信任的统计分析结果。

升，族群多样性对特殊信任的直接性正向影响不断增大，同时其通过族际交往意愿对特殊信任的间接性正向影响也不断增大；当族群多样性指数大于 0.50 时，随着族群多样性指数的上升，族群多样性对特殊信任的直接性正向影响不断增大，不过其通过族际交往意愿对特殊信任的间接性正向影响不断减小。其蕴含的现实含义在于，族群多样性可以通过族际交往意愿对汉族的特殊信任产生一定的提升作用，但是这一提升作用存在一定的限度。

从族群多样性通过族际交往能力影响特殊信任的间接效应来看：族际交往能力的提升对特殊信任的影响系数为 0.013(显著性水平为 0.01)；另外，族群多样性指数影响族际交往能力的回归系数为 7.581(显著性水平为 0.001)，族群多样性指数平方项影响族际交往能力的回归系数为－1.814(未通过显著性检验)，说明族群多样性的增加对汉族的族际交往能力产生了线性提升效应。

综合上述两方面结果可以推出：在汉族中，族群多样性通过族际交往能力对特殊信任产生了一定的中介效应，且这一影响效应体现为线性提升模式。

综合而言，族群多样性通过族际交往意愿对汉族的特殊信任产生一定的限度提升作用，而通过族际交往能力对汉族的特殊信任产生一定的线性提升作用。

3. **少数族群整体中族群多样性、族际交往与特殊信任的综合效应**

表 6-2 的模型 3 显示，对于少数族群整体而言，族群多样性指数、族群多样性指数平方项影响特殊信任的回归系数分别为－5.015 和 6.053(显著性水平均为 0.001)，表明族群多样性对少数族群整体的特殊信任存在直接的作用效应，且依然是一种 U 形模式，U 形的拐点即最低点是族群多样性指数为 0.41 时。

从族群多样性通过族际交往意愿影响特殊信任的间接效应来

看:族群多样性指数、族群多样性指数平方项影响族际交往意愿的回归系数分别为 13.038 和 −13.639(显著性水平均为 0.001),表明族群多样性对族际交往意愿的影响是一种倒 U 形模式,倒 U 形的拐点为 0.48;但是,族际交往意愿影响特殊信任的回归系数为 0.016(未通过显著性检验)。这说明在少数族群整体中,族际交往意愿在族群多样性与特殊信任之间的中介效应不明显。

从族群多样性通过族际交往能力影响特殊信任的间接效应来看:族群多样性指数、族群多样性指数平方项影响族际交往能力的回归系数分别为 28.801 和 −40.031(显著性水平均为 0.001),表明族群多样性对少数族群整体的族际交往能力的影响也是一种倒 U 形模式,倒 U 形的拐点即最高点是族群多样性指数为 0.36 时;但是,族际交往能力对少数族群整体的特殊信任的影响不明显(回归系数为0.005,未通过显著性检验)。这说明在少数族群整体中,族际交往能力在族群多样性与特殊信任之间的中介效应不明显。

综合而言,族群多样性通过族际交往意愿和族际交往能力对少数族群整体的特殊信任的影响都不明显。

4. **少数族群大类中族群多样性、族际交往与特殊信任的综合效应**

表 6-2 的模型 4~8 显示,就族群多样性通过族际交往意愿影响特殊信任的间接效应而言:在藏土等族、维吾尔等族、满蒙等族群体中,族际交往意愿影响特殊信任的回归系数都没有通过显著性检验,说明族际交往意愿在藏土等族、维吾尔等族和满蒙等族群体中的族群多样性与特殊信任之间无明显的间接效应。在南方各族群体中,虽然族际交往意愿对特殊信任具有明显的影响效应(回归系数为0.042,显著性水平为 0.01),但是族群多样性指数和族群多样性指数平方项对族际交往意愿的影响系数都没有通过显著性检验,同样说明族际交往意愿在南方各族群体中的族群多样性和特殊信

任之间无明显的中介效应。只有在回族等族群体中，族际交往意愿对特殊信任具有明显影响（回归系数为 0.046，显著性水平为 0.05），且族群多样性指数对族际交往意愿具有明显影响（回归系数为 6.005，显著性水平为 0.001），而族群多样性指数平方项对族际交往意愿的影响系数没有通过显著性检验。这说明族群多样性通过族际交往意愿对回族等族群体的特殊信任产生线性提升的间接效应。

就族群多样性通过族际交往能力影响特殊信任的间接效应而言：在藏土等族、维吾尔等族、满蒙等族、南方各族群体中，族际交往能力影响特殊信任的回归系数都没有通过显著性检验，说明族群多样性通过族际交往能力影响藏土等族、维吾尔等族、满蒙等族、南方各族群体的特殊信任的间接效应不明显。虽然在回族等族群体中，族际交往能力对特殊信任具有显著影响（回归系数为 0.028，显著性水平为 0.01），但是族群多样性指数和族群多样性指数平方项影响族际交往能力的回归系数没有通过显著性检验，说明族群多样性通过族际交往能力对回族等族群体的特殊信任产生的间接效应也不明显。

综合而言，族群多样性通过族际交往意愿只对回族等族群体的特殊信任产生一定的线性提升效应，在藏土等族、维吾尔等族、满蒙等族、南方各族群体中的中介效应都不明显；而族群多样性通过族际交往能力对藏土等族、维吾尔等族、回族等族、满蒙等族、南方各族群体的特殊信任的间接影响都不明显。

6.3.3　族群多样性、族际交往与普遍信任的综合效应

接下来分析族群多样性、族际交往与普遍信任的综合效应，具体结果如表 6－3 所示。

表 6－3 族群多样性、族际交往与普遍信任的综合效应的多层次一般化结构方程模型分析

自变量	因变量	模型 1	模型 2	模型 3	模型 4	模型 5	模型 6	模型 7	模型 8
		整体	汉族	少数族群整体	藏土等族	维吾尔等族	回族等族	满蒙等族	南方各族
		路径系数							
族群多样性指数	普遍信任	−1.066***	−1.175**	−0.831	−0.491	−5.249***	−0.384	0.498	−1.715
		(0.401)	(0.479)	(0.652)	(1.197)	(1.729)	(1.717)	(3.937)	(1.160)
	族际交往意愿	7.906***	6.455***	13.038***	6.875**	13.429***	6.005***	−3.248	2.132
		(0.688)	(1.144)	(1.593)	(3.503)	(4.302)	(2.164)	(7.088)	(1.876)
	族际交往能力	17.527***	7.581***	28.801***	17.287***	25.339***	−0.377	−1.424	15.939**
		(2.947)	(2.225)	(3.840)	(5.181)	(9.376)	(8.945)	(21.173)	(7.588)
族群多样性指数平方项	普遍信任	1.940***	1.920**	1.970*	3.120	9.592***	1.756	2.495	1.720
		(0.716)	(0.891)	(1.038)	(2.221)	(2.521)	(2.611)	(5.029)	(1.749)
	族际交往意愿	−7.289***	−6.485***	−13.639***	−3.218	−15.774**	−5.076	7.396	−1.715
		(1.241)	(2.123)	(2.626)	(6.269)	(6.651)	(3.531)	(9.028)	(2.887)
	族际交往能力	−14.327***	−1.814	−40.031***	−19.358**	−19.946	−3.419	2.936	−29.510***
		(5.353)	(4.037)	(6.296)	(9.301)	(14.496)	(13.287)	(26.916)	(11.411)
族际交往意愿	普遍信任	0.036***	0.025***	0.050***	0.052***	0.031	0.055**	0.042	0.056***
		(0.006)	(0.007)	(0.010)	(0.017)	(0.033)	(0.028)	(0.045)	(0.019)
族际交往能力	普遍信任	0.010***	0.019***	0.009*	0.010	−0.011	0.003	0.014	0.006
		(0.003)	(0.005)	(0.005)	(0.012)	(0.020)	(0.015)	(0.016)	(0.008)
控制变量	普遍信任								
性别(女性=0)		0.106***	0.117**	0.091	0.070	−0.038	−0.078	0.563**	0.116
		(0.038)	(0.046)	(0.067)	(0.116)	(0.214)	(0.163)	(0.255)	(0.118)
年龄		0.011***	0.013***	0.009***	0.008*	0.005	0.011*	−0.001	0.013***
		(0.002)	(0.002)	(0.003)	(0.004)	(0.008)	(0.006)	(0.010)	(0.005)
婚姻(未婚=0)		−0.199***	−0.262***	−0.102	−0.034	−0.242	0.080	−0.136	−0.234
		(0.070)	(0.087)	(0.117)	(0.191)	(0.462)	(0.287)	(0.431)	(0.215)
教育水平		0.015***	0.020***	0.004	−0.014	0.006	0.036*	−0.033	0.028
		(0.005)	(0.007)	(0.009)	(0.016)	(0.034)	(0.022)	(0.040)	(0.018)
户口类型(农村=0)		−0.001	−0.040	0.007	−0.102	0.453	−0.394*	0.019	0.103
		(0.052)	(0.062)	(0.096)	(0.190)	(0.306)	(0.206)	(0.337)	(0.173)

续表

自变量	因变量	模型 1	模型 2	模型 3	模型 4	模型 5	模型 6	模型 7	模型 8
		整体	汉族	少数族群整体	藏土等族	维吾尔等族	回族等族	满蒙等族	南方各族
		路径系数							
个人年收入		0.015**	0.015**	0.008	−0.011	0.109	0.088**	−0.044	−0.028
		(0.006)	(0.006)	(0.020)	(0.037)	(0.119)	(0.041)	(0.081)	(0.030)
社区收入中值		−0.020	−0.002	−0.065	−0.003	−0.103	−0.178**	−0.089	−0.020
		(0.024)	(0.028)	(0.041)	(0.080)	(0.139)	(0.079)	(0.170)	(0.072)
社区收入差距		−0.004	−0.001	−0.017	−0.018	−0.029	−0.024	−0.021	−0.021
		(0.006)	(0.006)	(0.011)	(0.027)	(0.026)	(0.021)	(0.038)	(0.017)
常数项		3.463***	3.480***	3.353***	3.206***	3.954***	3.498***	3.715***	3.228***
		(0.143)	(0.182)	(0.233)	(0.403)	(0.810)	(0.664)	(1.337)	(0.493)
样本量		6633	4271	2362	794	244	389	160	775

注：* 表示 $p<0.05$，** 表示 $p<0.01$，*** 表示 $p<0.001$。

1. 整体中族群多样性、族际交往与普遍信任的综合效应

整体中，表 6－3 的模型 1 显示，从直接效应来看，族群多样性指数、族群多样性指数平方项影响普遍信任的回归系数分别为－1.066 和 1.940（显著性水平均为 0.001），表明族群多样性对普遍信任存在直接的影响，且依然是一种 U 形模式，U 形的拐点即最低点是族群多样性指数为 0.27 时。

从族群多样性通过族际交往意愿影响普遍信任的间接效应来看：族际交往意愿的提升会显著增强普遍信任（回归系数为 0.036，显著性水平为 0.001）；另外，族群多样性指数、族群多样性指数平方项影响族际交往意愿的回归系数分别为 7.906 和－7.289（显著性水平均为 0.001），即族群多样性的增加对族际交往意愿的影响是倒 U 形模式，且拐点即最高点是族群多样性指数为 0.54 时。

综合上述直接效应、间接效应两方面的结果可知：族际交往意愿在族群多样性与普遍信任之间具有一定的中介作用。当族群多样性

指数小于 0.27 时，随着族群多样性指数的上升，族群多样性对普遍信任的直接性负向影响不断减小，而族群多样性通过族际交往意愿对普遍信任的间接性正向影响不断增大；当族群多样性指数介于 0.27 到 0.54 之间时，随着族群多样性指数的上升，族群多样性对普遍信任的直接性正向影响不断增大，同时族群多样性通过族际交往意愿对普遍信任的间接性正向影响也不断增大；当族群多样性指数大于 0.54时，随着族群多样性指数的上升，族群多样性对普遍信任的直接性正向影响不断增大，不过族群多样性通过族际交往意愿对普遍信任的间接性正向影响不断减小。这说明族群多样性通过族际交往意愿对普遍信任产生一定的提升作用，但是这一提升作用存在一定的限度。

从族群多样性通过族际交往能力影响普遍信任的间接效应来看：族际交往能力的提升会显著增强普遍信任（回归系数为 0.010，显著性水平为 0.001）；另外，族群多样性指数、族群多样性指数平方项影响族际交往能力的回归系数分别为 17.527 和 −14.327（显著性水平均为 0.001），即族群多样性的增加对族际交往能力的影响是倒 U 形的模式效应，且拐点即最高点是族群多样性指数为 0.61时。

综合上述两方面的结果可以推出：族际交往能力在族群多样性与普遍信任之间发挥一定的中介作用。当族群多样性指数小于 0.27 时，随着族群多样性指数的上升，族群多样性对普遍信任的直接性负向影响不断减小，而族群多样性通过族际交往能力对普遍信任的间接性正向影响不断增大；当族群多样性指数介于 0.27 到 0.61 之间时，随着族群多样性指数的上升，族群多样性对普遍信任的直接性正向影响不断增大，同时族群多样性通过族际交往能力对普遍信任的间接性正向影响也不断增大；当族群多样性指数大于 0.61 时，随着族群多样性指数的上升，族群多样性对普遍信任的直接性正向影响不断增大，不过族群多样性通过族际交往能力对普遍信任的间接性正向影响不断减小。这说明族群多样性通过族际交往能力对普遍信任产生一定的提升作用，但是这一提升作用存在一定的限度。

综合而言，在整体中，族群多样性对普遍信任的影响存在双重机制。族群多样性对普遍信任不仅存在着 U 形模式的直接影响，族际交往意愿和族际交往能力还在族群多样性和普遍信任之间发挥着部分中介效应。即族群多样性通过族际交往意愿和族际交往能力对普遍信任产生一定的间接提升作用，但是这一提升作用存在一定的限度。

2. 汉族中族群多样性、族际交往与普遍信任的综合效应

表 6 - 3 模型 2 显示，对于汉族而言，族群多样性指数、族群多样性指数平方项对普遍信任的影响系数分别为－1.175 和 1.920（显著性水平均为 0.01），说明族群多样性对汉族的普遍信任的影响是 U 形模式，计算得出 U 形的拐点为 0.31。

从族群多样性通过族际交往意愿影响普遍信任的间接效应来看：族际交往意愿的增加会显著提高普遍信任（回归系数为 0.025，显著性水平为 0.001）。族群多样性指数、族群多样性指数平方项对族际交往意愿的影响系数分别为 6.455 和－6.485（显著性水平均为 0.001），说明族群多样性对汉族族际交往意愿的影响是倒 U 形模式，计算得出倒 U 形的拐点为 0.50。

综合上述直接效应、间接效应两方面的结果可以推出：族际交往意愿在汉族的族群多样性与普遍信任之间发挥着一定的中介作用。当族群多样性指数小于 0.31 时，随着族群多样性指数的上升，族群多样性对汉族的普遍信任的直接性负向影响不断减小，而族群多样性通过族际交往意愿对普遍信任的间接性正向影响不断增大；当族群多样性指数介于 0.31 到 0.50 之间时，随着族群多样性指数的上升，族群多样性对普遍信任的直接性正向影响不断增大，同时

族群多样性通过族际交往意愿对普遍信任的间接性正向影响也不断增大；当族群多样性指数大于 0.50 时，随着族群多样性指数的上升，族群多样性对普遍信任的直接性正向影响不断增大，不过族群多样性通过族际交往意愿对普遍信任的间接性正向影响不断减小。这综合说明族群多样性通过族际交往意愿对汉族的普遍信任产生一定的提升作用，但是这一提升作用存在一定的限度。

从族群多样性通过族际交往能力影响普遍信任的间接效应来看：族际交往能力的提升会显著增强普遍信任（回归系数为 0.019，显著性水平为 0.001）；另外，族群多样性指数影响族际交往能力的回归系数为 7.581（显著性水平为 0.001），族群多样性指数平方项影响族际交往能力的回归系数为－1.814（未通过显著性检验），说明族群多样性对族际交往能力的影响是线性提升的模式效应。这整体说明，族群多样性通过族际交往能力对汉族的普遍信任有显著的线性提升作用。

综合而言，族群多样性通过族际交往意愿和族际交往能力对汉族的普遍信任产生一定的间接提升作用。其中，族群多样性通过族际交往意愿对普遍信任产生一定的限度提升作用，而族群多样性通过族际交往能力对普遍信任产生一定的线性提升作用。

3. **少数族群整体中族群多样性、族际交往与普遍信任的综合效应**

表 6－3 模型 3 显示，对于少数族群而言，族群多样性指数影响普遍信任的回归系数为－0.831（未通过显著性检验），族群多样性指数平方项影响普遍信任的回归系数为 1.970（显著性水平为 0.05），也可以视族群多样性影响少数族群整体的普遍信任为 U 形模式效应，计算得出 U 形的拐点为 0.21。

从族群多样性通过族际交往意愿影响普遍信任的间接效应来看：族际交往意愿的增加会显著提升普遍信任（回归系数为 0.050，显著性水平为 0.001）；另外，族群多样性指数、族群多样性指数平方项影响族际交往意愿的回归系数分别为 13.038 和 −13.639(显著性水平均为 0.001),表明族群多样性对族际交往意愿的影响是一种倒 U 形模式,计算得出倒 U 形的拐点为 0.48。

综合上述直接效应、间接效应两方面结果可以推出:族际交往意愿在少数族群整体的族群多样性和普遍信任之间发挥着一定的中介作用。

当族群多样性指数小于 0.21 时,随着族群多样性指数的上升,族群多样性对少数族群整体的普遍信任的直接性负向影响不断减小,而族群多样性通过族际交往意愿对普遍信任的间接性正向影响不断增大;当族群多样性指数介于 0.21 到 0.48 之间时,随着族群多样性指数的上升,族群多样性对普遍信任的直接性正向影响不断增大,同时族群多样性通过族际交往意愿对普遍信任的间接性正向影响也不断增大;当族群多样性指数大于 0.48 时,随着族群多样性指数的上升,族群多样性对普遍信任的直接性正向影响不断增大,不过族群多样性通过族际交往意愿对普遍信任的间接性正向影响不断减小。这综合说明族群多样性通过族际交往意愿对少数族群整体的普遍信任产生一定的提升作用,但是这一提升作用存在一定的限度。

从族群多样性通过族际交往能力影响普遍信任的间接效应来看:族际交往能力的提升会显著增强普遍信任(回归系数为 0.009,显著性水平为 0.05);另外,族群多样性指数、族群多样性指数平方项影响族际交往能力的回归系数分别为 28.801 和 −40.031(显著性水平均为 0.001),表明族群多样性对族际交往能力的影响也是一种倒 U 形模式,计算得出倒 U 形的拐点即最高点是族群多样性指数为 0.36时。

直接效应和间接效应整体表明,族际交往能力在少数族群整体的族群多样性和普遍信任之间发挥着一定的中介作用。当族群多样性指数小于0.21时，随着族群多样性指数的上升，族际交往能力对普遍信任的直接性负向影响不断减少，同时族群多样性通过族际交往能力对普遍信任的间接性正向影响也不断增大；当族群多样性指数介于0.21到0.36之间时，随着族群多样性指数的上升，族群多样性对普遍信任的直接性正向影响不断增大，同时族群多样性通过族际交往能力对普遍信任的间接性正向影响也不断增大；当族群多样性指数大于0.36时，随着族群多样性指数的上升，族群多样性对普遍信任的直接性正向影响不断增大，不过族群多样性通过族际交往能力对普遍信任的间接性正向影响不断减小。这说明族群多样性通过族际交往能力对少数族群整体的普遍信任产生一定的提升作用，但是这一提升作用存在一定的限度。

综合而言，族群多样性通过族际交往意愿和族际交往能力对普遍信任产生一定的间接提升作用，但是这一提升作用存在一定的限度。

4. **少数族群大类中族群多样性、族际交往与普遍信任的综合效应**

接下来分析族群多样性、族际交往与普遍信任在少数族群大类中的综合效应。如表6-3的模型4～8所示，就族群多样性通过族际交往意愿影响普遍信任的间接效应而言：在维吾尔等族和满蒙等族群体中，族际交往意愿对普遍信任的影响系数都没有通过显著性检验，说明族际交往意愿在维吾尔等族和满蒙等族群体中对族群多样性和普遍信任之间的中介效应不明显。在南方各族群体中，虽然族际交往意愿的提升会显著增强普遍信任（回归系数为0.056，显著性水平为0.001），但是族群多样性指数和族群多样性指数平方项影响族际交往意愿的回归系数都没有通过显著性检验，说明族际交往意愿在南方各族群体中的族群多样性和普遍信任之间的中介效应不明显。在藏土等族群体中，族际交往意愿的提升会显著增强普遍信任（回归系数为0.052，显著性水平为0.001），而且族群多样性指数影响族际交往意愿的回归系数为 6.875（显著性水平为 0.01），族群多样性指数平方项影响族际交往意愿的回归系数未通过显著性检验。这说明族群多样性通过族际交往意愿对藏土等族群体的普遍信任具有线性提升的作用效应（虽然族群多样性对藏土等族的普遍信任的直接影响不明显）。在回族等族群体中，族际交往意愿的提升会显著增强普遍信任（回归系数为 0.055，显著性水平为 0.01），而且族群多样性指数影响族际交往意愿的回归系数为6.005（显著性水平为 0.001），族群多样性指数平方项影响族际交往意愿的回归系数未通过显著性检验。这说明族群多样性通过族际交往意愿对回族等族群体的普遍信任具有线性提升的作用效应（虽然族群多样性对回族等族群体的普遍信任的直接影响不明显）。

就族群多样性通过族际交往能力影响普遍信任的间接效应而言：族际交往能力影响藏土等族、维吾尔等族、回族等族、满蒙等族、南方各族群体的普遍信任的回归系数都没有通过显著性检验，说明对各少数族群大类而言，族际交往能力在族群多样性背景下对普遍信任的作用效应都不明显。

综合而言，族际交往意愿在族群多样性背景下对藏土等族和回族等族群体的普遍信任具有线性提升的作用效应，而对其他少数族群的普遍信任没有明显的作用效应；族际交往能力在族群多样性背景下对各少数族群大类的普遍信任都没有明显的作用效应。

根据以上整体中族群多样性、族际交往与特殊信任的综合效应结果，以及族群多样性、族际交往与普遍信任的综合效应结果，将整体中的综合效应简化为图 6－1 和图 6－2。如图 6－1 所示，在整体中，族群多样性对特殊信任的影响存在双重机制。族群多样性不仅对特殊信任产生着 U 形模式的直接影响，族际交往意愿和族际交往能力还在族群多样性与特殊信任之间发挥着部分中介效应。族群多样性通过族际交往意愿和族际交往能力对特殊信任都具有一定的限度提升作用。其中,族群多样性指数通过族际交往意愿影响特殊信任的部分中介效应系数是7.568×0.025=0.189,族群多样性指数平方项通过族际交往意愿影响特殊信任的部分中介效应系数是−6.791×0.025=−0.170,族群多样性指数通过族际交往能力影响特殊信任的部分中介效应系数是17.488×0.012=0.210,族群多样性指数平方项通过族际交往能力影响特殊信任的部分中介效应系数是−14.254×0.012=−0.171。

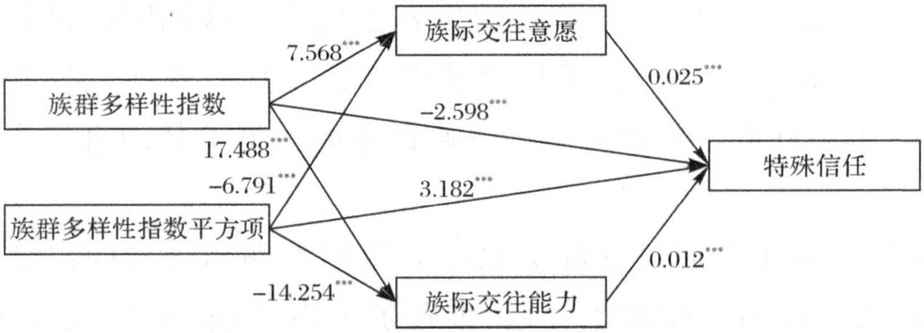

图6-1 族群多样性、族际交往与特殊信任在整体中的综合效应

如图6-2所示,在整体中,族群多样性对普遍信任的影响存在双重机制。族群多样性不仅对普遍信任产生着U形模式的直接影响,族际交往意愿和族际交往能力在族群多样性与普遍信任之间还发挥着部分中介效应。族群多样性通过族际交往意愿和族际交往能力对普遍信任都具有一定的限度提升作用。其中,族群多样性指数通过族际交往意愿影响普遍信任的部分中介效应系数是7.906×0.036=0.285,族群多样性指数平方项通过族际交往意愿影响普遍信任的部分中介效应系数是−7.289×0.036=−0.262,族群多样性指数通过族际交往能力影响普遍信任的部分中介效应系数是17.527×0.010=0.175,族群多样性指数平方项通过族际交往能力影响普遍信任的部分中介效应系数是−14.327×0.010=−0.143。

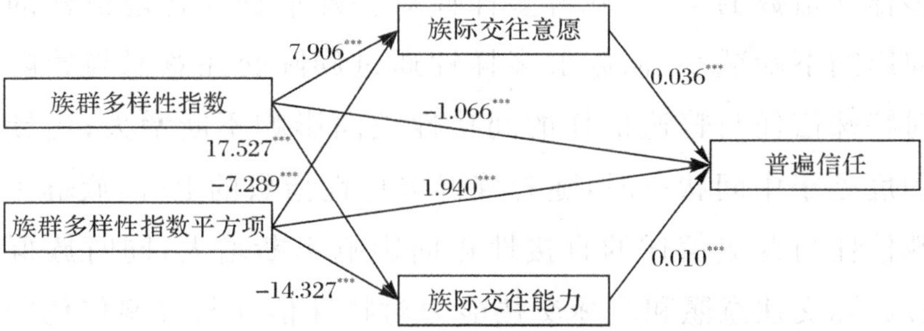

图 6-2　族群多样性、族际交往与普遍信任在整体中的综合效应

总结以上族群多样性、族际交往与社会信任的综合效应，可以得出如下判断，从整体来看，族群多样性对社会信任的影响存在双重机制。族群多样性对特殊信任和普遍信任不仅存在直接影响，族际交往意愿和族际交往能力还在族群多样性与特殊信任和普遍信任之间发挥着一定的中介作用。族际交往意愿和族际交往能力对于提高族群多样性背景下的特殊信任和普遍信任具有重要的作用和意义，但是这一效应存在一定的限度且在不同族群大类中存在一定的差异。

6.4　小结

本章对族群多样性、族际交往与社会信任之间的作用关系进行了综合性阐释，揭示了族群多样性影响社会信任的双重机制，剖析了族际交往在族群多样性与社会信任之间的部分中介效应，另外对比了整体及不同族群大类间的效应差异。

1. 主要结论

整体来看，族群多样性不仅对特殊信任与普遍信任产生直接影响，还通过族际交往意愿和族际交往能力对特殊信任和普遍信任产生一定的间接影响。总结发现，当族群多样性程度很低的时候，随着族群多样性指数的上升，族群多样性对特殊信任与普遍信任的直接性负向影响不断减小，而族群多样性通过族际交往意愿与族际交往能力对特殊信任与普遍信任的间接性正向影响不断增大；当族群多样性程度处于中间状态时，随着族群多样性指数的上升，族群多样性对特殊信任与普遍信任的直接性正向影响不断增大，同时族群多样性通过族际交往意愿和族际交往能力对特殊信任与普遍信任的间接性正向影响也不断增大；当族群多样性程度很高的时候，随着族群多样性指数的上升，族群多样性对特殊信任与普遍信任的直接性正向影响不断增大，不过其通过族际交往意愿和族际交往能力对特殊信任与普遍信任的间接性正向影响不断减小。其背后的现实含义是，族群多样性通过族际交往意愿和族际交往能力对社会信任发挥着一定的提升作用，但是这一提升作用存在一定的限度。另外，族群多样性通过族际交往意愿与族际交往能力对特殊信任与普遍信任的影响模式基本一致，但是相对而言，族群多样性通过族际交往意愿对普遍信任的提升作用更明显，族群多样性通过族际交往能力对特殊信任的提升作用更明显。

对于汉族而言，一方面，族群多样性通过族际交往意愿对特殊信任和普遍信任具有一定的限度提升效应；另一方面，族际交往能力在族群多样性背景下对汉族的特殊信任和普遍信任都具有一定的线性提升作用。其背后的现实含义是，族群多样性通过族际交往意愿对汉族的社会信任具有一定的限度提升作用，而族群多样性通过族际交往能力对汉族的社会信任具有一定的线性提升作用。

对于少数族群整体而言，族群多样性通过族际交往意愿和族际交往能力对特殊信任的影响都不明显，但是族群多样性通过族际交往意愿和族际交往能力对普遍信任具有一定的限度提升效应。对于各少数族群大类而言，族际交往意愿和族际交往能力在族群多样性与特殊信任、普遍信任之间的中介作用在不同少数族群大类间存在一定差异。族际交往意愿在族群多样性背景下对回族等族群体的特殊信任以及藏土等族和回族等族群体的普遍信任具有线性提升的作用，而对其他族群的特殊信任和普遍信任没有明显的影响效应。族际交往能力在族群多样性背景下对各少数族群大类的特殊信任和普遍信任都没有明显的间接影响。

以上研究说明，从整体来看，族群多样性对社会信任的影响存在双重机制。族群多样性不仅对社会信任产生一定的直接影响，还通过族际交往对社会信任产生一定的间接提升作用，这一作用效应并非简单的线性作用模式，且族群多样性、族际交往与社会信任之间的作用关系在不同族群大类间存在一定差异。本章研究发现与已有的有关族群多样性、族际交往与社会信任关系的研究结论既存在相似之处，又对已有研究有所推进。相似之处在于，发现了族际交往在族群多样性与社会信任之间确实存在中介作用，以及作用效应的族群差异[48]；推进之处在于，在以往有关族际友谊、熟人、冲突等中介变量在族群多样性与社会信任之间作用效应研究的基础上，发现了主观的族际交往意愿和客观的族际交往能力在族群多样性背景下对特殊信任和普遍信任的积极提升作用，以及这一提升作用所存在的限度，进一步提炼和总结了族群多样性影响社会信任的双重机制。这一发现不仅有利于从族际交往的视角丰富族群多样性与社会信任的理论研究，也提供了基于族际交往视角建构多元族群地区社会信任的政策启示。

2. **中介效应限度的原因解析**

如何解释整体中族群多样性通过族际交往对社会信任产生的提升作用存在一定限度？这应该内在地反映了族际交往作用的条件性或边界性。本书从理论与实证两个方面试图进行拓展分析。

理论上，族际交往为增进了解、缓解焦虑和产生共情提供了机会，有利于减少族际隔阂，但是族际交往的积极效应本身具有一定的条件性和边界性。这主要是因为：一方面，严重违背最优条件可能导致消极的族际交往并对族际关系造成负面影响[55]；另一方面，诸如群体文化差异和利益竞争等问题无法完全通过族际交往得到彻底解决[55]。也就是说，族际交往可以减少族际的偏见和歧视，缓解族际的隔阂和焦虑，但是无法消除族际的文化差异，无法解决族际利益竞争和分配等核心议题。在最优条件得到满足，群体文化差异和利益竞争等问题得到妥善解决的情景中，族际交往的积极效应才会更明显。

以下对上述解释框架做进一步的实证解析。本书通过进一步计算得出，整体中，族群多样性通过族际交往作用于社会信任的总间接效应为倒 U 形模式。即族群多样性通过族际交往对社会信任的提升作用存在一定限度，当小于倒 U 形的拐点时，族群多样性通过族际交往对社会信任的积极作用越来越明显，当大于倒 U 形的拐点时，族群多样性通过族际交往对社会信任的积极作用越来越不明显。

比如，在整体中，就族群多样性通过族际交往意愿影响特殊信任的间接效应而言：族群多样性通过族际交往意愿影响特殊信任的总间接效应的方程为 $7.568 \times 0.025 \times X_1 - 6.791 \times 0.025 \times X_2 = 0.189X_1 - 0.170X_2$（其中，$X_1$ 为族群多样性指数，X_2 为族群多样性指数平方项），说明族群多样性通过族际交往意愿对特殊信任的间接效应为倒 U 形模式，计算得出倒 U 形的拐点为 0.56。即族群多样性通过族际交往意愿对特殊信任的提升作用存在一定限度，当族群多样性小于 0.56 时，族群多样性通过族际交往意愿对特殊信任的积极作用越来越明显，当族群多样性大于 0.56 时，族群多样性通过族际交往意愿对特殊信任的积极作用越来越不明显。

就族群多样性通过族际交往能力影响特殊信任的间接效应而

言：族群多样性通过族际交往能力影响特殊信任的总间接效应的方程为 $17.488 \times 0.012 \times X_1 - 14.254 \times 0.012 \times X_2 = 0.210X_1 - 0.171X_2$，说明族群多样性通过族际交往能力对特殊信任的间接效应为倒 U 形模式，计算得出倒 U 形的拐点为 0.61。即族群多样性通过族际交往能力对特殊信任的提升作用存在一定限度，当族群多样性小于 0.61 时，族群多样性通过族际交往能力对特殊信任的积极作用越来越明显，当族群多样性大于 0.61 时，族群多样性通过族际交往能力对特殊信任的积极作用越来越不明显。

就族群多样性通过族际交往意愿影响普遍信任的间接效应而言：族群多样性通过族际交往意愿影响普遍信任的总间接效应的方程为 $7.906 \times 0.036 \times X_1 - 7.289 \times 0.036 \times X_2 = 0.285X_1 - 0.262X_2$，说明族群多样性通过族际交往意愿对普遍信任的间接效应为倒 U 形模式，计算得出倒 U 形的拐点为 0.54。即族群多样性通过族际交往意愿对普遍信任的提升作用存在一定限度，当族群多样性小于 0.54 时，族群多样性通过族际交往意愿对普遍信任的积极作用越来越明显，当族群多样性大于 0.54 时，族群多样性通过族际交往意愿对普遍信任的积极作用越来越不明显。

就族群多样性通过族际交往能力影响普遍信任的间接效应而言：族群多样性通过族际交往能力影响普遍信任的总间接效应的方程为 $17.527 \times 0.010 \times X_1 - 14.327 \times 0.010 \times X_2 = 0.175X_1 - 0.143X_2$，说明族群多样性通过族际交往能力对普遍信任的间接效应为倒 U 形模式，计算得出倒 U 形的拐点为 0.61。即族群多样性通过族际交往能力对普遍信任的提升作用存在一定限度，当族群多样性小于 0.61 时，族群多样性通过族际交往能力对普遍信任的积极作用越来越明显，当族群多样性大于 0.61 时，族群多样性通过族际交往能力对普遍信任的积极作用越来越不明显。

以上结果整体说明,族群多样性对社会信任的影响存在双重机制,族群多样性通过族际交往对社会信任发挥着一定的提升作用,但是这一提升作用存在一定的限度。

第7章

总结与展望

习近平总书记在党的二十大报告中明确指出："以铸牢中华民族共同体意识为主线，坚定不移走中国特色解决民族问题的正确道路，坚持和完善民族区域自治制度，加强和改进党的民族工作，全面推进民族团结进步事业。"这是新时代新征程党的民族工作的根本遵循和前进方向。而民族工作，在党和国家工作全局中占有重要地位，事关祖国统一和边疆巩固，事关民族团结和社会稳定，事关国家长治久安和中华民族伟大复兴。通过加强多元民族地区的社会信任，铸牢中华民族共同体意识，全面推进民族团结进步事业，全面建设社会主义现代化国家，是一项伟大而艰巨的事业。

基于前文对族群多样性、族际交往与社会信任之间关系效应的分析，本章对以上研究进行总结和提炼，给出相应的政策建议与启示，提出未来研究的方向。首先，依据第4～6章的研究结果，全面总结族群多样性对社会信任的直接影响，族群多样性对族际交往的直接影响，以及族群多样性通过族际交往对社会信任产生的间接影响；其次，根据这些结论，结合中国西部的现实情境，对建构与提升多元族群地区的社会信任提出相应的政策建议；再次，总结本书在理论与实证分析方面的主要创新之处；最后，阐述本研究的不足之处，并提出进一步研究的可能方向。

7.1 主要结论

社会信任在达成社会共识、促进社会团结、推动社会进步方面发挥着至关重要的作用。在这样的背景下，本书聚焦于中国西部地区，利用有代表性的综合调查数据，实证探讨了族群多样性对特殊信任与普遍信任的具体影响，族群多样性对族际交往意愿与族际交往能力的具体影响，以及族际交往意愿和族际交往能力在族群多样性与特殊信任、普遍信任之间的中介作用。主要的结论有以下几点。

第一，整体上看，族群多样性对特殊信任与普遍信任的影响都呈现出U形模式。这说明随着族群多样性的增加，社会信任水平先降低后升高。其背后的现实含义是，当特定区域内的族群多样性程度很低或很高时，社会信任程度相对较高，而社会信任程度的最低处为族群多样性程度处于中间状态的社区。

分族群来看，族群多样性对特殊信任与普遍信任的影响在不同族群大类中存在一定差异。对于汉族而言，族群多样性对特殊信任与普遍信任的影响都呈现出U形模式；对于少数族群整体而言，族群多样性对特殊信任的影响呈现出U形模式，但是对普遍信任的影响不明显。对于各少数族群大类而言，在藏土等族群体中，族群多样性对特殊信任具有线性降低的影响效应，但是对普遍信任的影响不明显；在维吾尔等族和回族等族群体中，族群多样性对特殊信任和普遍信任的影响都呈现出U形模式；在满蒙等族群体中，族群多样性对特殊信任与普遍信任的影响都不明显；在南方各族群体中，族群多样性对特殊信任的影响呈现出U形模式，但是对普遍信任则呈现出线性降低的作用模式。总结而言，族群多样性既影响汉族的特殊信任又影响汉族的普遍信任，而族群多样性对少数族群整体的普遍信任的影响并不明显，主要影响了少数族群整体的特殊信任，且这一影响在不同的少数族群大类中存在一定差异。

这一研究发现在整体中与既有的有关族群多样性和社会信任关系的三种学术观点有一定的相似之处，又对既有研究有所推进。既有研究探讨了西方不同国家、地区的族群多样性与邻里信任或其他形式信任之间的关系后发现，族群多样性或者降低社会信任[9,41]，或者对社会信任的降低存在条件机制[237,312]，或者未必降低社会信任[318,321]，或者对社会信任的影响存在族群差异[257,325]。本书探讨了中国西部地区的社区族群多样性对不同族群的特殊信任和普遍信任的影响效应。其相似之处在于，本书发现族群多样性确实对两类信任产生着一定的影响效应，而且族群多样性影响两类信任的作用效应在中国西部地区的不同族群大类中确实存在着一定差异。推进之处在于，本书发现的族群多样性影响两类信任的作用模式，不同于已有研究所强调的线性作用模式[9,37,235]，说明在中国西部地区，族群多样性对社会信任的影响既不是完全消极的，也不是完全积极的，而是在整体中表现为U形模式。

第二，族群多样性对族际交往意愿与族际交往能力的影响都呈现出倒U形模式。这说明随着族群多样性的增加，族际交往程度先升高后降低。其背后的现实含义是，当特定区域内的族群多样性程度很低或很高时，族际交往程度相对较低，族际交往程度的最高处为族群多样性处于中间状态的社区。

分族群来看，族群多样性对族际交往意愿与族际交往能力的影响在不同族群大类中存在一定差异。对于汉族而言，族群多样性的增加对族际交往意愿的影响也是倒U形模式，但是族群多样性的增加对族际交往能力的影响呈现出线性提升模式。对于少数族群整体而言，族群多样性的增加对族际交往意愿与族际交往能力的影响都呈现出倒U形模式。对于各少数族群大类而言，在藏土等族群体中，族群多样性对族际交往意愿和族际交往能力都呈现出线性提升的模式效应；在维吾尔等族群体中，族群多样性对族际交往意愿的影响呈现出倒 U 形模式，但是族群多样性对族际交往能力的影响呈现出线性提升模式；在回族等族群体中，族群多样性对族际交往意愿的影响是线性提升模式，但是族群多样性对族际交往能力的影响不明显；在满蒙等族群体中，族群多样性对族际交往意愿和族际交往能力的影响都不显著；在南方各族群体中，族群多样性对族际交往意愿的影响不明显，但是对族际交往能力的影响具有倒 U 形模式效应。总结而言，族群多样性对汉族的族际交往意愿有一定的限度提升作用，而对汉族的族际交往能力具有一定的线性提升作用；族群多样性对少数族群整体的族际交往意愿和族际交往能力都有一定的限度提升作用，且在不同少数族群大类间存在一定差异。

这一研究发现在整体中与既有的有关族群多样性和族际交往关系的三种学术观点有一定的相似之处，又对既有研究有所推进。既有研究探讨了西方不同国家、地区的族群多样性与族际交往（族际接触）之间的关系，发现族群多样性或者降低族际交往[352]，或者增加族际交往[52]，或者对族际交往的影响存在族群差异[361]。本书探讨了中国西部地区的社区族群多样性对主观的族际交往意愿和客观的族际交往能力的影响效应。其相似之处在于，族群多样性确实对族际交往发挥着一定的影响效应，而且族群多样性影响族际交往的具体效应在中国西部地区的不同族群大类中确实存在一定差异。推进之处在于，已有研究认为族群多样性对族际交往的影响是一种线性模式[52,235,352,359,362]，然而本书的分析发现表明在中国西部地区并非如此，即族群多样性对族际交往的影响既不是完全积极的，也不是完全消极的，而是在整体中表现为倒 U 形模式。

第三，族群多样性的增加通过族际交往意愿与族际交往能力对特殊信任与普遍信任发挥着一定的提升作用，但这一提升作用存在一定限度。其背后的现实含义是，在族群多样性背景下，加强族际交往可以有效地提升社会信任程度，但仅仅加强族际交往并不是提升社会信任的全部。

分族群来看，族群多样性通过族际交往影响社会信任的效应在不同族群中存在一定差异。对于汉族而言，族群多样性通过族际交往意愿对特殊信任和普遍信任具有一定的限度提升作用，而族群多样性通过族际交往能力对特殊信任和普遍信任具有一定的线性提升作用。对于少数族群整体而言，族群多样性通过族际交往意愿和族际交往能力对特殊信任的影响不明显，但是通过族际交往意愿和族际交往能力对普遍信任呈现出一定的限度提升作用。对于各少数族群大类而言，族际交往意愿和族际交往能力在族群多样性与特殊信任和普遍信任之间的中介作用间存在一定差异。族际交往意愿在族群多样性背景下对回族等族群体的特殊信任，以及藏土等族和回族等族群体的普遍信任具有线性提升的影响效应，而对其他少数族群大类的特殊信任和普遍信任没有明显的影响。族际交往能力在族群多样性背景下对各少数族群大类的特殊信任和普遍信任都没有明显影响。总结而言，族群多样性通过族际交往意愿对汉族的特殊信任和普遍信任具有一定的限度提升作用，而族群多样性通过族际交往能力对汉族的特殊信任和普遍信任呈现出线性提升作用；族群多样性通过族际交往意愿和族际交往能力对少数族群整体的特殊信任的影响不明显，而对少数族群整体的普遍信任呈现出一定的限度提升作用，且这一作用效应在不同少数族群大类中存在一定差异。

这一研究发现在整体中与既有的有关族际交往作用效应的研究存在相似之处，又对既有研究有所推进。已有研究主要探讨的是西方不同国家、地区的族际交往（族际接触）对族际关系是否存在改善作用，以及对族际偏见、族际矛盾是否存在降低作用[51,55]。本书主要探讨的是中国西部地区的社区族群多样性的增加是否通过族际交往意愿和族际交往能力对社会信任（特殊信任和普遍信任）存在提升作用。其相似之处在于，发现了族际交往的积极作用，以及积极作用的限度性；推进之处在于，在以往有关族际交往与族际关系研究的基础上，发现了族群多样性的增加通过族际交往对社会信任所产生的积极提升作用以及提升作用所存在的限度，探讨了其在不同族群中的作用差异。

第四，族群多样性对社会信任的影响存在双重机制。进一步总结发现，族群多样性不仅对特殊信任与普遍信任产生一定的直接影响，还通过族际交往意愿与族际交往能力对特殊信任与普遍信任产生一定的间接影响。其背后的现实含义是，多元族群地区社会信任的建构，需要关注族群多样性影响社会信任的双重模式，不仅要关注族群多样性一方面对社会信任产生了U形模式的直接影响，还要关注族群多样性另一方面还通过族际交往对社会信任产生了限度提升的间接影响。

具体表现为，当族群多样性程度很低的时候，随着族群多样性指数的上升，族群多样性对特殊信任与普遍信任的直接性负向影响不断减小，而族群多样性通过族际交往意愿与族际交往能力对特殊信任与普遍信任的间接性正向影响不断增大；当族群多样性程度处于中间状态时，随着族群多样性指数的上升，族群多样性对特殊信任与普遍信任的直接性正向影响不断增大，同时族群多样性通过族际交往意愿和族际交往能力对特殊信任与普遍信任的间接性正向影响也不断增大；当族群多样性程度很高的时候，随着族群多样性指数的上升，族群多样性对特殊信任与普遍信任的直接性正向影响不断增大，不过其通过族际交往意愿和族际交往能力对特殊信任与普遍信任的间接性正向影响不断减小。

或者说，当特定区域内的族群多样性处于中间状态时，社会信任程度相应最低（U形的底点），而族际交往程度相应最高（倒U形的顶点）；当特定区域内的族群多样性程度很低或很高时，社会信任程度相对较高，而族际交往程度相对较低；族群多样性通过族际交往对社会信任发挥着一定的限度提升作用(另外,倒 U 形的拐点明显大于 U 形的拐点,说明族群多样性影响族际交往的最高处与影响社会信任的最低处并不重合,而是存在一定的距离,也进一步说明族际交往在族群多样性背景下有效地提升了社会信任)。

这一研究发现在整体中与既有的有关族群多样性、族际交往与社会信任之间作用关系的研究存在相似之处,又对既有研究有所推进。既有研究主要探讨的是西方不同国家、地区的族群多样性对不同形式信任的具体影响,对族群多样性影响社会信任的作用机制探讨得比较少。少有的有关德国社会中族际交往中介作用的研究发现,族群多样性通过族际友谊的构建对社会信任发挥着积极的提升作用[48]。本书探讨了中国西部地区的主观族际交往意愿和客观族际交往能力在族群多样性与社会信任之间的中介作用。其相似之处在于,发现了主观的族际交往意愿和客观的族际交往能力在族群多样性与社会信任之间确实存在中介作用;推进之处在于,在以往有关族际友谊、熟人、冲突等中介变量在族群多样性与社会信任之间作用效应研究的基础上,发现了主观的族际交往意愿和客观的族际交往能力在族群多样性背景下对特殊信任和普遍信任的积极提升作用,以及这一提升作用所存在的限度,进一步提炼和总结了族群多样性影响社会信任的双重机制。

以上研究发现不仅有利于扩展族群多样性与社会信任关系研究的理论认识,更重要的是,就建构与提升多元族群地区的社会信任这一议题提供了一定的政策启示。

7.2　政策建议

现代多元社会的一个主要任务和挑战在于基于多样化的基础创造一种全新的、广阔的“我们”感,即凝聚社会共识。从长远来看,族群多样性对于整体社会的经济、文化等方面的发展有着至关重要的积极影响，是宝贵的社会财富；但是从短期来看，族群多样性对社会团结和社会资本的构建带来了严重冲击，这也是现代社会的一项必然趋势和挑战[9]。所以，基于多元、多样的现实基础凝聚广泛的社会共识，是多元族群地区亟待关注和解决的重要议题，也是一项艰巨而漫长的任务。

2014 年 5 月 28 日至 29 日，习近平总书记在第二次中央新疆工作座谈会上指出："要高举各民族大团结的旗帜，在各民族中牢固树立国家意识、公民意识、中华民族共同体意识，最大限度团结依靠各族群众，使每个民族、每个公民都为实现中华民族伟大复兴的中国梦贡献力量，共享祖国繁荣发展的成果。各民族要相互了解、相互尊重、相互包容、相互欣赏、相互学习、相互帮助，像石榴籽那样紧紧抱在一起。"[374]其中，中华民族共同体意识的培育和铸牢，需要不断增强族际交往交流交融，发展平等团结互助和谐的族际关系，凝聚以协作为核心的社会共识。

而社会共识的社会存在性决定了社会共识不是凭空而生的，它的形成与人们所处的社会生活场域、合作机制以及社会交往、自我实现的过程与结果等都密切关联在一起，其中最重要的一点是社会信任的建构。在凝聚多元族群地区社会共识方面，如果社会信任充足，不同族群能够形成团结奋进、协作互助的公共精神，从而实现各族群的安居乐业与共同发展，有利于推进多元族群地区的社会治理；而如果社会信任缺乏，族群之间相互猜忌、斗争，则不仅会影响到社会团结，还会阻碍自身的进步以及整体社会的发展。社会信任的建构一方面是一种个体行动者的基本认知，弥漫在社会生活的方方面面；另一方面是一种重要的社会关系，其不仅涉及基本的族群结构，还涉及族际交往的作用效力。

那么，多元族群地区的社会信任何以建构？本书遵循"提出问题、分析问题、解决问题"的研究思路，结合实证分析的结果就建构多元族群地区社会信任的基本路径提出相应的政策建议。

第一,重点关注社会信任程度处于最低水平即族群多样性处于中等水平的社区的社会信任建构。社区作为个体社会交往和家庭社会互动发生的重要场域,社区的居住格局通常对社会的团结与整合发挥着重要的调节作用。滕尼斯的社区理论指出,社区是一个具有情感性与凝聚性特征的共同体[375]。合理的族群社会结构以及各族群相互嵌入的族际居住格局可以有效促进族际交往、交流、交融,有利于形成结构相连、利益相关、感情相通的共同体[64]。多族群地区的居住格局不仅是反映族际关系的重要指标,也是建构社会信任的重要力量。所以在社会治理的过程中需要注重社会信任机制的培育,提高社区服务的质量,提升社区居民的满意度和信任感,这是实现社会有效治理的重要保障[376]。2014 年 5 月 26 日召开的中共中央政治局会议指出,推动建立各民族相互嵌入的社会结构和社区环境,促进各民族交往交流交融[377]。这意味着,构建多元族群地区的社会信任,不仅需要在宏观层次上建构各族群相互嵌入的社会结构,还需要在微观层次上建构各族群相互嵌入的社区环境。

本书的实证分析结果表明,族群多样性对中国西部地区的特殊信任与普遍信任的影响在整体中都呈现出 U 形模式。其充分说明,当特定区域内的族群多样性程度很低或很高时,社会信任程度相对较高,而社会信任程度的最低处为族群多样性程度处于中间状态的社区。这意味着,基于族群多样性的重要背景,建构社会信任的重要场域在于多元族群的社区,且需要针对不同社区提供具有针对性的措施。具体而言,建构多元族群地区的社会信任,相关部门、社会力量应重点着力于社会信任程度最低的地方,即族族多样性处于中等水平的社区或地区,也就是 U 形的最低点,具体到现实中指的是存在较多不同族群但是不同族群人数占比差异很大的社区或地区。反过来可以说,针对这些社区或地区的社会信任提升工作更易起到事半功倍的效果，更能取得量变到质变的社会效益。

第二，充分发挥族际交往的积极作用。于尔根·哈贝马斯强调，人与人之间需要通过建立自由、平等的交流和对话来形成理解与宽容，从而克服“主体哲学”因缺乏对话而引发的“价值共识”困境[296]。在他看来，沟通行动是一种以交往为中介进行沟通、形成共识、实现协作的行动体系，解决人类生活世界的困境和殖民化问题的重要途径在于在理性化的讨论和合理化的沟通基础上，通过协商对话、消解分歧，形成合理的协作共识。在多样化程度日益增加的当下，只有从个体层面和社会层面推进族际交往的稳定有序进行，加强族际交往交流交融，促进各族和睦相处、和衷共济、和谐发展，才能为提升社会信任和凝聚社会共识提供良好的互动条件。

本书的实证分析结果也表明，族群多样性的增加通过族际交往意愿与族际交往能力对特殊信任与普遍信任发挥着一定的提升作用。其充分说明，建构多元族群地区的社会信任，加强族际交往是一项重要的举措。增强族际交往意愿和族际交往能力能够有效促进不同族群间的交流和理解，从而有利于提升社会信任程度，最终有助于凝聚不同族群的社会共识。这要求为不同族群成员搭建共同学习、生活和工作的平台，通过建构相互嵌入式的社会结构和社区环境，促进各族群的相互交流融和、共同繁荣发展。

具体而言，一方面，在条件允许的情况下可以在教育过程中增加对其他族群语言、文字、饮食、风俗、节日、服饰等方面的知识和内容的认知和了解，加强族际的交流和互动，减少族际的隔阂和矛盾，增加多族群社区居民的归属感和满意度，提高不同族群参与族际交往的意愿；另一方面，还可通过各种资源的投入、平台的搭建等，加强对其他族群语言、文字、文化的学习和交流，调动起社会成员适应和接纳不同族群的饮食、服饰、节日、风俗等方面的积极性，增加不同族群参与族际交往的机会，提高不同族群参与族际交往的能力。

第三，意识到族际交往积极效应所存在的限度。族际交往作用于族际关系的积极效应还存在一定的条件性和限度性。一方面，严重违背最优条件可能导致消极的族际交往并对族际关系造成负面影响[55]；另一方面，诸如群体文化差异和利益竞争等问题无法完全通过族际交往得到彻底解决[55]。也就是说，族际交往可以减少族际的偏见和歧视，缓解族际的隔阂和焦虑，但是无法消除族际的文化差异，无法解决族际利益竞争和分配等核心议题。所以，社会共识的达成需要立足于族群多样的客观现实，以切实可行的族际交往形态推动社会信任的建构。我国民族工作面临各族交往交流交融趋势增强和涉及民族因素的矛盾纠纷上升并存的特征[378]。这意味着，在建构多元族群地区社会信任的过程中，需要正确看待族际交往交流交融理论，在加强族际交往的同时切实解决族际的矛盾和纠纷。

本书的实证分析结果表明，在整体中，族群多样性的增加对族际交往意愿与族际交往能力的影响都呈现出倒 U 形模式，所以族群多样性通过族际交往意愿和族际交往能力对特殊信任与普遍信任发挥着一定的限度提升作用[379]。这说明在建构多元族群地区社会信任的过程中，加强族际交往是其中非常重要的内容，但并非全部。一些关系到民族团结大局的核心问题还需要回到问题本身去应对和解决，只有这些本质的问题得到妥善解决，族际交往的积极效应才能得以维持。在公共政策的制定和运用过程中，需要对族际交往积极效应的限度性具有清醒的认识，以此来有效避免公共政策的误判。也就是说，建构多元族群地区的社会信任，在加强族际交往的同时，还需要加强法律、经济、教育、文化等手段的综合治理，积极回应群众需求，解决群众切身利益问题，妥善处理好涉及族群因素的各种矛盾和纠纷，以此维护民族团结和国家的长治久安。

第四，针对不同族群采取分门别类的政策措施。多元族群地区社会信任的建构，体现为不同族群之间彼此的尊重和认可，表现为包容差异、求同存异、协调分歧、消除隔阂的相处模式。也是费孝通先生强调的“各美其美，美人之美，美美与共，天下大同”[133]，即不同文化不但要正确认识自己的文化，还要正确对待别人的文化，不同文化之间要相互学习、借鉴、交流和融合，形成百花齐放、百家争鸣的和谐景象。所以，在建构多元族群地区社会信任的过程中，需要在尊重差异性、提倡多样化的基础上，坚持从不同族群的实际出发，尊重族群发展的客观规律，采取因地制宜、分门别类的政策措施。

本书的实证分析结果表明，族群多样性、族际交往与社会信任之间的作用关系在不同族群大类间存在一定差异。这也意味着，建构多元族群地区的社会信任，需要尊重不同族群发展的客观规律，针对不同族群采取具有针对性的政策措施。针对汉族，不仅要增强汉族的族际交往意愿，更要增强汉族的族际交往能力，充分发挥族际交往能力对社会信任的线性提升作用。为此，在条件允许的情况下，应当增加汉族对少数族群语言、文字、饮食、服饰、节日等文化的学习，增加汉族参与族际交往的机会，提高汉族的族际交往能力，以此来提高汉族在族群多样性背景下的特殊信任和普遍信任程度。

针对少数族群，不仅要增强少数族群的族际交往能力，更要增强少数族群的族际交往意愿，重点提高少数族群的普遍信任程度，充分发挥族际交往能力，尤其是族际交往意愿对普遍信任的限度提升作用。为此，在条件允许的情况下，尤其在族群多样性高的社区，应当增加少数族群在多元族群社区中的归属感和满意度，减少族际矛盾和隔阂，提高少数族群与其他族群成员进行深度交流的意愿，鼓励少数族群加入更广泛的族际交往中。

另外，针对不同的少数族群大类，需要根据其族群特色来制定切实可行的推进族际交往和提升社会信任的不同措施。具体而言，从增加族际交往意愿和族际交往能力（尤其是族际交往意愿）的双重角度来提升特殊信任和普遍信任（尤其是普遍信任）。比如，针对藏土等族，需要重点通过增强族际交往意愿来提升普遍信任；针对回族等族，需要重点通过增强族际交往意愿来同时提升特殊信任和普遍信任。

当前，我国正处于中华民族伟大复兴的关键时期，这是党的民族工作的历史方位，要求我们必须把处理好民族问题、做好民族工作作为“重大国是”，不断铸牢中华民族共同体意识，加强中华民族共同体建设，加强中华民族大团结、中华儿女大团结，为实现中华民族伟大复兴创造条件、凝聚力量。这是实现第二个百年奋斗目标的需要，是历史发展的必然要求。建构多元族群地区的社会信任，重要的是在中华民族共同体的思想基础上，以“平等、团结、互助、和谐”为基本原则，在坚持平等的前提下，以族群之间的彼此尊重、协调发展为基础，最终通过加强族际的交往来提升社会信任程度。这需要从多维度的视角建构一种新型的综合性社会信任结构：不仅要关注不同社区的族群多样性程度，尽可能降低族群多样性的消极作用，还要充分发挥族际交往的积极作用；不仅要提高族际交往意愿，还要提高族际交往能力；不仅要关注族际交往积极效应的限度，还要关注族际交往作用效应的族群差异。

7.3 主要创新点

以上探讨了族群多样性、族际交往与社会信任之间的综合效应，具体的创新之处可以总结为以下四点。

第一，首次针对族群构成复杂多样的中国西部地区，系统探讨了族群多样性如何影响居民的两类社会信任——特殊信任、普遍信任，并对比分析了汉族与其他五大类少数族群在此方面的异同。有关族群多样性与社会信任关系的研究是西方学术研究的一个热点，但是目前中国社会的信任研究主要关注了社会流动、社会分层、社会转型、文化价值等因素的影响，在族群多样性的背景下研究中国社会不同族群的社会信任结构，目前还处于起步阶段。本书根据“中国西部社会经济变迁调查”(CSSC)数据构建了中国西部地区不同社区的族群多样性指数及其平方项，运用多层次混合效应线性回归模型的分析方法，探讨了中国西部地区的社区族群多样性影响特殊信任和普遍信任的具体效应和作用机制，对比了相应的族群差异，有利于丰富族群多样性与社会信任关系研究的理论与实践体系。

第二，在分析视角和解释机制方面，本书着重从族际交往的视角出发，将族际交往分为主观——族际交往意愿、客观——族际交往能力两个维度，详细探讨了二者在族群多样性与两类信任间的具体中介作用效应，从社会结构观和社会互动观的角度考察了不同族群的社会信任状况及其差异。这既有利于丰富族际交往视角的族群多样性与社会信任关系研究，也有利于从族际交往视角建构社会信任。

第三，发现了族群多样性影响社会信任的非线性模式，并进一步剖析了其产生的原因和机制。实证分析发现，整体上族群多样性与两类信任之间是 U 形关系，而非既有研究所强调的线性关系。进一步运用多层次一般化结构方程模型进行中介效应分析表明，族群多样性通过族际交往能力、族际交往意愿会影响到最终的社会信任，而影响模式为倒 U 形。针对此 U 形模式和倒 U 形模式，进一步计算出了相应的底点、顶点，剖析了其背后的产生机制，阐释了其具有的现实意义。这有利于扩展有关族群多样性与社会信任关系的研究，也有利于深化多元族群地区社会信任建构的实践体系。

第四，总结提炼出了族群多样性影响社会信任的双重机制。中介效应分析的结果表明，族群多样性对两类信任不仅存在直接效应，也会通过两个维度的交往间接影响到两类信任；进一步计算出了直接效应和间接效应的模型系数，着重解析了间接效应的作用限度和内在机制，阐释了其具有的现实意义和政策含义。这有利于扩展已有的有关族群多样性影响社会信任的机制研究，为推进多元族群地区的社会治理提供了一定的政策启示。

总之，本书不仅彰显了社区族群多样性程度对多元族群地区社会信任的建构发挥着至关重要的作用，而且阐释了族际交往作为族群多样性背景下一项可建构的资源对于建构多元族群地区的社会信任卓有成效；另外还揭示了这一积极效应所存在的限度，以及族群多样性与族际交往作用于社会信任的族群差异，为建构多元族群地区的社会信任提供了更精确的现实启示。本书不仅具有丰富族群多样性与社会信任关系研究的学术价值，还具有推进多元族群地区社会信任建构和社会共识凝聚的现实意义。

7.4 研究展望

本研究主要是以“多元族群地区的社会信任何以建构”这一问题为切入点，对族群多样性影响社会信任的具体效应和机制这一主题进行的以问题为导向的实证研究，但这仅仅只是一个开始，以上研究还存在一些不足之处和有待扩展和深化的地方，未来需要从以下四个方面来进行更进一步的拓展和深化。

第一，进一步分析与挖掘族群多样性影响特殊信任与普遍信任的具体效应和作用机制。本书从理论和实证两方面做出了初步尝试，重点探讨了族际交往意愿和族际交往能力在族群多样性与社会信任之间的作用机制。未来的研究需要对 U 形模式效应以及中介效应的内在机制进行进一步的解析，还需要探讨其他的中介因素和作用机制，从而更好地解释和理解族群多样性与社会信任间的关联。

第二，进一步探讨和厘清族群多样性影响社会信任的模式在不同族群大类间出现差异的原因，并进行严格的分析和检验。本书以对整体样本的分析为主，在此基础上补充了相应的分族群样本分析。研究结果表明，对于整体、汉族、少数族群整体而言，分析结果与解释框架吻合得很好，但是对于个别少数族群而言，分析结果与解释框架吻合得不是很好。那么导致不同族群间出现差异的影响因素是什么,对此如何进行解释,是未来研究需要进一步挖掘的方向。

第三,进一步扩展与深化不同多样性与不同信任间的具体作用关系,以及具体作用关系在不同时期、不同群体间的异同。未来的研究计划运用追踪数据来分析和比较不同时期的影响效应和机制,还应当增加更多相应的个案访谈和实地调查等定性研究资料,这将会有利于进一步丰富和扩展国内社会资本领域的相关研究。另外,还可以关注语言、宗教等多样性对社会信任的影响,或者不同类型的多样性对其他类型的社会信任的影响,比如对制度信任、一般信任等的影响。进一步,可以扩展和探讨不同时期其他次级群体中的社会信任及其作用机制,比如农民工群体、大学生群体、老年群体等;为了更清楚地解释和理解二者间的关系与作用,还可将关注的中介因素从族际交往意愿和族际交往能力扩展到其他形式,如族际通婚、公共参与、族际冲突等。

第四,深化与扩展有关社会信任与社会共识关系的研究。社会共识是化解社会分歧、形成社会秩序、构建人类命运共同体的基石之一,而社会共识的达成又离不开社会成员之间的交流、交往与相互信任。由于时间与篇幅,本书只对社会信任与社会共识间的相互关系和复杂机制从理论上进行了初步探讨,未来需要通过定量调查、定性访谈等方法,对此议题展开更加深入、系统的分析与研究,为从理论和现实两个层面推进社会信任与社会共识议题做出更多努力与贡献。

参考文献

[1]福山.信任:社会道德与繁荣的创造[M].李宛蓉,译.呼和浩特:远方出版社,1998.

[2]帕特南.使民主运转起来[M].王列,等译.南昌:江西人民出版社,2001.

[3]习近平.在第十四届全国人民代表大会第一次会议上的讲话[N].人民日报,2023-03-14(2).

[4]LA PORTA R, LOPEZ-DE-SILANES F, SHLEIFER A, et al. Trust in large organizations[J]. American Economic Review, 1997, 87(2): 333-338.

[5]KNACK S, KEEFER P. Does social capital have an economic payoff? A cross-country investigation[J]. The Quarterly Journal of Economics, 1997, 112(4): 1251-1288.

[6]KNACK S. Social capital and the quality of government: evidence from the U. S. States[J]. American Journal of Political Science, 2002, 46(4): 772-785.

[7]SØNDERSKOV K M. Environmental group membership, collective action and generalised trust[J]. Environmental Politics, 2008, 17(1):

78－94.
[8]ZAK P J,KNACK S. Trust and growth[J]. Economic Journal, 2001,111(470):295－321.
[9]PUTNAM R D. E pluribus unum:diversity and community in the twenty-first century the 2006 Johan Skytte prize lecture[J]. Scandinavian Political Studies,2007,30(2):137－174.
[10]黄荣贵,桂勇.集体性社会资本对社区参与的影响:基于多层次数据的分析[J].社会,2011(6):1－21.
[11]舒全峰.基层民主、公共领导力与政治信任:基于CIRS百村调查数据的实证分析[J].公共管理与政策评论,2017,6(4):71－81.
[12]李艳霞.何种信任与为何信任:当代中国公众政治信任现状与来源的实证分析[J].公共管理学报,2014,11(2):16－26.
[13]USLANER E M. Trust,diversity,and segregation in the United States and The United Kingdom[J]. Comparative Sociology, 2011,10(2):221－247.
[14]LEIGH A. Trust,inequality and ethnic heterogeneity[J]. Economic Record,2006,82(258):268－280.
[15]LETKI N. Does diversity erode social cohesion? Social capital and race in British neighbourhoods[J]. Political Studies,2008,56(1):99－126.
[16]STOLLE D,SOROKA S,JOHNSTON R. When does diversity erode trust? Neighborhood diversity,interpersonal trust and the mediating effect of social interactions[J]. Political Studies,2008, 56(1):57－75.
[17]唐贤秋.信任:构建和谐民族关系的社会基础[J].广西民族研究, 2006(2):6－12.
[18]张康之.在历史的坐标中看信任:论信任的三种历史类型[J].社

会科学研究,2005(1):11-17.
[19]胡荣,陈诗颖.社会资本、媒介使用与公众环境行为[J].济南大学学报(社会科学版),2019,29(5):29-35.
[20]郭庆.农民工的社会信任与城市融合研究[D].上海:华东师范大学,2013.
[21]王世靓,伍嘉冀.信任视角下民族互嵌型社区的实证研究:基于青海藏区的调查分析[J].西安财经学院学报,2018,31(5):96-101.
[22]王俊秀.关注社会情绪 促进社会认同 凝聚社会共识:2012—2013年中国社会心态研究[J].民主与科学,2013(1):64-71.
[23]徐苗,张莘,李雪婷,等.中国新疆维汉间内隐信任态度研究[J].西北民族研究,2015(1):5-18.
[24]张云武.不同规模地区居民的人际信任与社会交往[J].社会学研究,2009(4):112-132.
[25]范可.信任、认同与"他者":族群和民族省思[J].广西民族大学学报(哲学社会科学版),2013,35(6):44-52.
[26]唐贤秋.民族信任:"一带一路"合作倡议民心相通的桥梁[J].广西民族研究,2019(1):37-43.
[27]王伟.增强族际信任:当前我国民族事务治理的重要任务[J].中央民族大学学报,2017(6):86-93.
[28]郑长德,单德朋.族群多样性与经济增长:基于经济学视角的综述[J].民族学刊,2011,2(3):50-61.
[29]王振宇,顾昕.族群多样性与地方经济增长:来自中国城市层面的证据[J].财经研究,2018(2):127-140.
[30]郑长德.族群多样性与贫困治理:来自四川连片特困地区贫困县的证据[J].广东社会科学,2016(6):14-24.
[31]赫斯特洛姆.解析社会:分析社会学原理[M].陈云松,范晓光,朱彦,等译.南京:南京大学出版社,2010.

[32]杨宜音."自己人":信任建构过程的个案研究[J]. 社会学研究,1999(2):40-54.

[33]翟学伟. 社会流动与关系信任:也论关系强度与农民工的求职策略[J]. 社会学研究,2003(1):1-11.

[34]胡荣,胡康,温莹莹. 社会资本、政府绩效与城市居民对政府的信任[J]. 社会学研究,2011(1):96-117.

[35]史宇鹏,李新荣. 公共资源与社会信任:以义务教育为例[J]. 经济研究,2016(5):86-100.

[36]韦伯. 儒教与道教[M]. 王容芬,译. 北京:商务印书馆,1995.

[37]ALESINA A,LA FERRARA E. Who trusts others? [J]. Journal of Public Economics,2002,85(2):207-234.

[38]LAURENCE J. The effect of ethnic diversity and community disadvantage on social cohesion: a multi-level analysis of social capital and interethnic relations in UK communities [J]. European Sociological Review,2011,27(1):70-89.

[39]SCHAEFFER M. Can competing diversity indices inform us about why ethnic diversity erodes social cohesion? A test of five diversity indices in Germany[J]. Social Science Research,2013,42(3):755-774.

[40]GUNDELACH B,FREITAG M. Neighbourhood diversity and social trust: an empirical analysis of interethnic contact and group-specific effect[J]. Urban Studies,2014,51(6):1236-1256.

[41]DINESEN P T,SØNDERSKOV K M. Ethnic diversity and social trust: evidence from the micro-context[J]. American Sociological Review,2015,80(3):550-573.

[42]HOU F,WU Z. Racial diversity,minority concentration,and trust in Canadian urban neighborhoods[J]. Social Science Research,2009,

38(3):693 - 716.

[43]MORALES L,ECHAZARRA A. Will we all hunker down? The impact of immigration and diversity on local communities in Spain[J]. Journal of Elections,Public Opinion and Parties,2013,23(3):343 - 366.

[44]TOLSMA J,VAN DER MEER T W G. Losing wallets,retaining trust? The relationship between ethnic heterogeneity and trusting coethnic and non-coethnic neighbours and non-neighbours to return a lost wallet[J]. Social Indicators Research,2017,131(2):631 - 658.

[45]WOLLEBÆK D,LUNDÅSEN W,TRÄGÅRDH L. Three forms of interpersonal trust: evidence from Swedish municipalities[J]. Scandinavian Political Studies,2012,35(4):319 - 346.

[46]LUNDÅSEN S W,WOLLEBÆK D. Diversity and community trust in Swedish local communities[J]. Journal of Elections,Public Opinion and Parties,2013,23(3):299 - 321.

[47]IVARSFLATEN E,STRØMSNES K. Inequality,diversity and social trust in Norwegian communities[J]. Journal of Elections,Public Opinion and Parties,2013,23(3):322 - 342.

[48]KOOPMANS R,VEIT S. Ethnic diversity,trust,and the mediating role of positive and negative interethnic contact: a priming experiment[J]. Social Science Research,2014,47:91 - 107.

[49]刘有安.多民族城市中的族际交往及和谐民族关系构建:基于青海省西宁市的实地调查[J].内蒙古社会科学,2012,33(6):88 - 92.

[50]DOVIDIO J F,GAERTNER S L,KAWAKAMI K. Intergroup contact:the past,present,and the future[J]. Group Processes & Intergroup Relations,2003,6(1):5 - 21.

[51]ALLPORT G W. The nature of prejudice[M]. New York:Basic

Books,1979.

[52]PETTIGREW T F,TROPP L R. A meta-analytic test of intergroup contact theory[J]. Journal of Personality and Social Psychology, 2006,90(5):751-783.

[53]VERMEIJ L, VAN DUIJN M A J, BAERVELDT C. Ethnic segregation in context: social discrimination among native Dutch pupils and their ethnic minority classmates[J]. Social Networks, 2009,31(4):230-239.

[54]李森森,龙长权,陈庆飞,等.群际接触理论:一种改善群际关系的理论[J].心理科学进展,2010,18(5):831-839.

[55]郝亚明.西方群际接触理论研究及启示[J].民族研究,2015(3):13-24.

[56]刘毅.化解民族冲突的策略:民族接触与相互依存[J].心理科学进展,2007,15(1):179-184.

[57]费孝通.中华民族的多元一体格局[J].北京大学学报(哲学社会科学版),1989 (4):3-21.

[58]宁吉喆.第七次全国人口普查主要数据[EB/OL].(2021-05-11)[2022-10-20]. https://www.gov.cn/xinwen/2021-05/11/content_5605760.htm.

[59]刘有安,张俊明.影响多民族城市族际交往的因素及对策建议:以青海省西宁市为例[J].贵州民族研究,2014,35(2):9-12.

[60]刘有安.族际交往中的“民族心理距离”解析[J].云南社会科学,2008(5):63-66.

[61]张俊明,刘有安.城市族际交往中的“民族心理距离”研究:以青海省西宁市为例[J].广西民族研究,2012(4):28-33.

[62]王晓玲.论群际接触对跨文化敏感的影响:一项基于民族院校和非民族院校学生的实证研究[J].宁夏社会科学,2012(1):136-141.

[63]尕藏草.互联网场域的族际交往[J].青年研究,2014(3):27-35.
[64]郝亚明.民族互嵌型社区社会结构和社区环境的理论分析[J].新疆师范大学学报(哲学社会科学版),2015(4):14-20.
[65]崔延虎.多元文化场景中的文化互动与多民族族际交往:新疆多民族社会跨文化交际研究之一[J].新疆师范大学学报(哲学社会科学版),2005(2):113-117.
[66]李静,刘继杰.影响新疆族际交往的心理因素分析[J].新疆社会科学,2012(5):55-62.
[67]李静.民族交往心理构成要素的心理学分析[J].民族研究,2007(6):22-32.
[68]贾萍萍,赵文龙,边卫军.跨族群共识的价值及建构初探[J].贵州民族研究,2017,38(10):88-91.
[69]佩雷菲特.信任社会[M].邱海婴,译.北京:商务印书馆,2005.
[70]吉登斯.社会的构成:结构化理论纲要[M].李康,李猛,译.北京:生活·读书·新知三联书店,1998.
[71]布迪厄.实践感[M].蒋梓骅,译.南京:译林出版社,2003.
[72]科尔曼.社会理论的基础:上[M].邓方,译.北京:社会科学文献出版社,1999.
[73]林南.社会资本:关于社会结构与行动的理论[M].张磊,译.上海:上海人民出版社,2005.
[74]穆勒-多姆.于尔根·哈贝马斯:知识分子与公共生活[M].刘风,译.北京:社会科学文献出版社,2019.
[75]夏征农,陈至立.大辞海·语词卷[M].上海:上海辞书出版社,2011.
[76]郑也夫.信任的简化功能[J].北京社会科学,2000(3):113-119.
[77]张超,严煤.政府信用与民众信任[J].社会,2002(11):33-34.
[78]王伟同,周佳音.互联网与社会信任:微观证据与影响机制[J].财

贸经济,2019,40(10):111－125.

[79] KLIJN E H, EDELENBOS J, STEIJN B. Trust in governance networks:its impacts on outcomes[J]. Administration and Society, 2010,42(2):193－221.

[80]刘波,方奕华,彭瑾."多元共治"社区治理中的网络结构、关系质量与治理效果:以深圳市龙岗区为例[J]. 管理评论,2019,31(9):278－290.

[81]李正卫,陈力昊,王飞绒. 工作不安全感对员工创造力的影响研究:组织信任的中介作用[J]. 科技与经济,2019(5):76－80.

[82]翟学伟. 信任的本质及其文化[J]. 社会,2014,34(1):1－26.

[83]吉登斯. 现代性的后果[M]. 田禾,译. 南京:译林出版社,2000.

[84] DEUTSCH M. Trust and suspicion[J]. Journal of Conflict Resolution,1958,2(4):265－279.

[85]LEWIS J D, WEIGERT A. Trust as a social reality[J]. Social Forces,1985,63(4):967－985.

[86] CURRALL S C, JUDGE T A. Measuring trust between organizational boundary role persons [J]. Organizational Behavior and Human Decision Process,1995,64(2):151－170.

[87]什托姆普卡. 信任:一种社会学理论[M]. 程胜利,译. 北京:中华书局,2005.

[88]TANIS M, POSTMES T. A social identity approach to trust: interpersonal perception, group membership and trusting behavior[J]. European Journal of Social Psychology, 2005, 35(3):413－424.

[89]GAMBETTA D. Can we trust trust? [C]//GAMBETTA D. Trust: making and breaking cooperative relations, electronic edition, department of sociology. Oxford:University of Oxford,2000:213－237.

[90]GUISO L,SAPIENZA P,ZINGALES L. Trusting the stock market [J]. Journal of Finance,2008,63(6):2557-2600.

[91]白春阳.现代社会信任问题研究[D].北京:中国人民大学,2006.

[92]DURLAUF S N,FAFCHAMPS M. Social capital[M]//AGHION P,DURLAUF S N. Handbook of economic growth volume 1B. Amsterdam:North-Holland,2005:1639-1699.

[93]卢曼.信任:一个社会复杂性的简化机制[M].瞿铁鹏,李强,译.上海:上海人民出版社,2005.

[94]巴伯.信任:信任的逻辑和局限[M].牟斌,李红,范瑞平,译.福州:福建人民出版社,1989.

[95]费孝通.乡土中国 生育制度[M].北京:北京大学出版社,1998.

[96]翟学伟.中国人际关系的特质:本土的概念及其模式[J].社会学研究,1993(4):74-83.

[97] HWANG K K. Face and favor: the Chinese power game[J]. American Journal of Sociology,1987,92(4):944-974.

[98]李伟民,梁玉成.特殊信任与普遍信任:中国人信任的结构与特征[J].社会学研究,2002(3):11-22.

[99] UNESCO. UNESCO Universal Declaration on Cultural Diversity [EB/OL].(2001-11-02)[2023-03-05]. https://www.unesco.org/en/legal-affairs/unesco-universal-declaration-cultural-diversity.

[100]祁进玉.国内近百年来民族和族群研究评述[J].广西民族研究,2005(2):71-81.

[101]王东明.关于"民族"与"族群"概念之争的综述[J].广西民族学院学报(哲学社会科学版),2005(2):89-97.

[102] WEBER M. Economy and society: an outline of interpretive sociology[M]. Berkeley: University of California Press,1978.

[103]周大鸣.论族群与族群关系[J].广西民族学院学报(哲学社会科

学版),2001,23(2):13-25.
[104]哈达德,晓兵.科威特市的民族群体和民族等级结构[J].民族译丛,1992(5):39-47.
[105]徐杰舜.论族群与民族[J].民族研究,2002(1):14-20.
[106]菅志翔."族群":社会群体研究的基础性概念工具[J].北京大学学报(哲学社会科学版),2007(5):138-147.
[107]孙九霞.试论族群与族群认同[J].中山大学学报(社会科学版),1998(2):24-31.
[108]潘蛟."族群"及其相关概念在西方的流变[J].广西民族学院学报(哲学社会科学版),2003,25(5):53-61.
[109]杨洪贵.文化多样性的内涵初探[J].新疆社会科学,2009(3):85-89.
[110] KOOPMANS R, SCHAEFFER M. Relational diversity and neighbourhood cohesion: unpacking variety, balance and in-group size[J]. Social Science Research,2015,53:162-176.
[111] DINESEN P T, SCHAEFFER M, SØNDERSKOV K M, et al. Ethnic diversity and social trust: a narrative and meta-analytical review[J]. Annual Review of Political Science,2020(23):1-24.
[112]金炳镐,严庆,杨成.民族关系构成方式:民族关系理论研究之一[J].黑龙江民族丛刊,2008(2):1-9.
[113]张耀南.论"可久可大可新"之作为"中华共识":"华学道德说"之辨析与批评[J].广东社会科学,2019(2):57-64.
[114]PEARSALL J.新牛津英语词典[M].上海:上海外语教育出版社,2001.
[115]辞海编辑委员会.辞海[M].上海:上海辞书出版社,1979.
[116]中国社会科学院语言研究所词典编辑室.现代汉语词典[M].5版.北京:商务印书馆,2005.

[117]梅里亚姆-韦伯斯特公司.韦氏高阶英语词典[M].北京:中国大百科全书出版社,2009.
[118]罗尔斯.政治自由主义[M].万俊人,译.南京:译林出版社,2011.
[119]郭定平.从多元社会谈及政治共识[J].社会科学,1993(8):28-31.
[120]童世骏.关于"重叠共识"的"重叠共识"[J].中国社会科学,2008(6):55-65.
[121]斯密.道德情操论[M].谢宗林,译.北京:中央编译出版社,2008.
[122]韩大元.宪法与社会共识:从宪法统治到宪法治理[J].交大法学,2012(1):7-21.
[123]顾培东.当代中国法治共识的形成及法治再启蒙[J].社会科学文摘,2017(4):68-70.
[124]STOKER G. Public value management: a new narrative for networked governance? [J]. American Review of Public Administration,2006,36(1):41-57.
[125]ALFORD J,O'FLYNN J. Making sense of public value: concepts, critiques and emergent meanings[J]. International Journal of Public Administration,2009,32(3-4):171-191.
[126]郭佳良.应对"棘手问题":公共价值管理范式的源起及其方法论特征[J].中国行政管理,2017(11):111-117.
[127]王学军,王子琦.追寻"公共价值"的价值[J].公共管理与政策评论,2019,8(3):3-16.
[128]胡百精,杨奕.社会转型中的公共传播、媒体角色与多元共识:美国进步主义运动的经验与启示[J].中国行政管理,2019(2):128-134.
[129]李萍.社会共识是管理伦理的规范基础[J].学习与探索,2007

(3):5-8.
[130]王国华,武晗.从压力回应到构建共识:焦点事件的政策议程触发机制研究:基于54个焦点事件的定性比较分析[J].公共管理学报,2019,16(4):36-47.
[131]郑杭生.社会学概论新修[M].精编版.北京:中国人民大学出版社,2009.
[132]赵文龙,贾洛雅.社会共识机制与共识凝聚途径探析:一种社会学的视角[J].福建论坛(人文社会科学版),2020(2):178-190.
[133]费孝通.文化与文化自觉[M].北京:群言出版社,2010.
[134]刘少杰.发展的社会意识前提:社会共识初探[J].天津社会科学,1991(6):9-14.
[135]杨宜音.作为社会共识表达方式的社会心态[N].光明日报,2014-04-02(16).
[136]席美尔.货币哲学[M].朱桂琴,译.北京:光明日报出版社,2009.
[137]柯林斯,马科夫斯基.发现社会:西方社会学思想述评[M].李霞,译.北京:商务印书馆,2014.
[138]阿隆.社会学主要思潮[M].葛智强,等译.北京:华夏出版社,2000.
[139]涂尔干.社会分工论[M].渠东,译.北京:生活·读书·新知三联书店,2000.
[140]韦伯.新教伦理与资本主义精神[M].李修建,张云江,译.南昌:江西教育出版社,2014.
[141]侯钧生.西方社会学理论教程[M].2版.天津:南开大学出版社,2006.
[142]特纳,毕福勒,鲍尔斯.社会学理论的兴起[M].侯钧生,等译.天津:天津人民出版社,2006.

[143]PUTNAM R D. Tuning in,tuning out:the strange disappearance of social capital in America[J]. Political Science and Politics,1995,28(4):664－683.

[144]史密斯. 中国人的人性[M]. 姚锦镕,译. 北京:中国和平出版社,2006.

[145]雷丁. 华人资本主义精神[M]. 谢婉莹,译. 上海:格致出版社,2009.

[146]PEVZNER M,XIE F,XIN X G. When firms talk,do investors listen? The role of trust in stock market reactions to corporate earnings announcements[J]. Journal of Financial Economics,2015,117(1):190－223.

[147]HILARY G,HUANG S. Trust and contracting[J]. Social Science Electronic Publishing,2015,42:1－51.

[148]WILLIAMSON O E. Calculativeness,trust,and economic organization[J]. The Journal of Law and Economics,1993,36(1):453－486.

[149]CLINE B N,WILLIAMSON C R. Trust and the regulation of corporate self-dealing[J]. Journal of Corporate Finance,2016,41:572－590.

[150]GUISO L,SAPIENZA P,ZINGALES L. The role of social capital in financial development[J]. American Economic Review,2004,94(3):526－556.

[151]GUISO L,SAPIENZA P,ZINGALES L. Cultural biases in economic exchange[J]. The Quarterly Journal of Economics,2009,124(3):1095－1131.

[152]TAM T,HEWSTONE M,KENWORTHY J,et al. Intergroup trust in Northern Ireland[J]. Personality and Social Psychology Bulletin,2009,35(1):45－59.

[153]MAOZ I,ELLIS D G. Intergroup communication as a predictor of Jewish-Israeli agreement with integrative solutions to the Israeli-Palestinian conflict: the mediating effects of out-group trust and guilt[J]. Journal of Communication,2008,58(3):490－507.

[154]NADLER A. Intergroup reconciliation: effects of adversary's expressions of empathy, responsibility, and recipients' trust [J]. Personality and Social Psychology Bulletin,2006,32(4): 459－470.

[155]黄懿慧,王啸,方慧妍,等.政府信任对公共健康风险管理的影响:基于长生生物疫苗事件的创设情境研究[J].公共管理学报,2019,16(4):83－95.

[156]TROPP L R. The role of trust in intergroup contact: its significance and implications for improving relations between groups[M]//WAGNER U,TROPP L R,FINCHILESCU G,et al. Improving intergroup relations: building on the legacy of Thomas F. Pettigrew. Malden:Blackwell Publishing,2008:91－106.

[157] NOOR M, BROWN R, GONZALEZ R, et al. On positive psychological outcomes: what helps groups with a history of conflict to forgive and reconcile with each other? [J]. Personality and Social Psychology Bulletin,2008,34(6):819－832.

[158]周海文,周海川.农户社会信任对土地流转租金的影响:基于CHIP数据的实证分析[J].公共管理学报,2019,16(3):118－130.

[159] ROSE R. How much does social capital add to individual health? A survey study of Russians[J]. Social Science and Medicine,2000,51(9):1421－1435.

[160]COLEMAN J S. Social capital in the creation of human capital [J]. American Journal of Sociology,1988,94:95－120.

[161] LEDERMAN D, LOAYZA N, MENENDEZ A M. Violent crime: does social capital matter? [J]. Economic Development and Cultural Change, 2002, 50(3): 509 - 539.

[162] HELLIWELL J F. How's life? Combining individual and national variables to explain subjective well-being[J]. Economic Modelling, 2003, 20(2): 331 - 360.

[163]尤斯拉纳. 信任的道德基础[M]. 张敦敏，译. 北京：中国社会科学出版社，2006.

[164]BEUGELSDIJK S, DE GROOT H L F, VAN SCHAIK A B T M. Trust and economic growth: a robustness analysis [J]. Oxford Economic Papers, 2004, 56(1): 118 - 134.

[165]李涛，黄纯纯，何兴强，等. 什么影响了居民的社会信任水平? 来自广东省的经验证据[J]. 经济研究，2008(1)：137 - 152.

[166]韩振华. 人际信任的影响因素及其机制研究[D]. 天津：南开大学，2010.

[167] SIEGRIST M, CVETKOVICH G, ROTH C. Salient value similarity, social trust, and risk/benefit perception [J]. Risk Analysis, 2002, 20(3): 353 - 362.

[168]POORTINGA W, PIDGEON N F. Prior attitudes, salient value similarity, and dimensionality: toward an integrative model of trust in risk regulation [J]. Journal of Applied Social Psychology, 2006, 36(7): 1674 - 1700.

[169]董才生. 社会信任的基础：一种制度的解释[D]. 长春：吉林大学，2004.

[170]王飞雪，山岸俊男. 信任的中、日、美比较研究[J]. 社会学研究，1999(2)：69 - 84.

[171]BUTLER J K. Toward understanding and measuring conditions of

trust:evolution of a conditions of trust inventory[J]. Journal of Management,1991,17(3):643 - 663.

[172]CLARK M C,PAYNE R L. Charcter-based determinants of trust in leads[J]. Risk Analysis,2006,26(5):1161 - 1173.

[173]MAYER R C,DAVIS J H,SCHOORMAN F D. An integrative model of organizational trust[J]. Academy of Management Review,1995,20(3):709 - 734.

[174]马奇,奥尔森. 重新发现制度:政治的组织基础[M]. 张伟,译. 北京:生活·读书·新知三联书店,2011.

[175]李晔. 师生信任及其对学生的影响[D]. 武汉:华中师范大学,2007.

[176]郑伯. 企业组织中上下属的信任关系[J]. 社会学研究,1999(2):24 - 39.

[177]DUNN J R,SCHWEITZER M E. Feeling and believing:the influence of emotion on trust[J]. Journal of Personality and Social Psychology,2005,88(5):736 - 748.

[178]MOLLEMAN E,NAUTA A,BUUNK B P. Social comparison-based thoughts in groups:their associations with interpersonal trust and learning outcomes[J]. Journal of Applied Social Psychology,2007,37(6):1163 - 1180.

[179]BENN L,HARVEY J E,GILBERT P,et al. Social rank,interpersonal trust and recall of parental rearing in relation to homesickness[J]. Personality and Individual Differences,2005,38(8):1813 - 1822.

[180]张维迎,柯荣住. 信任及其解释:来自中国的跨省调查分析[J]. 经济研究,2002(10):59 - 70.

[181]ZANG X W. Ethnic differences in neighbourly relations in

urban China[J]. Asian Ethnicity,2006,7(2):195－207.
[182]帕特南. 独自打保龄:美国社区的衰落与复兴[M]. 刘波,祝乃娟,张孜异,等译. 北京:北京大学出版社,2011.
[183]BREHM J,RAHN W. Individual-level evidence for the causes and consequences of social capital[J]. American Journal of Political Science,1997,41(3):999－1023.
[184]DAMICO A J,CONWAY M M,DAMICO S B. Patterns of political trust and mistrust: three moment's in the lives of democratic citizens[J]. Polity,2000,32(3):377－400.
[185]LI Y J,SAVAGE M,WARDE A. Social mobility and social capital in contemporary Britain[J]. British Journal of Sociology,2008,59(3):391－411.
[186]KEELE L. Social capital and the dynamics of trust in government[J]. American Journal of Political Science,2007,51(2):241－254.
[187]杨中芳,彭泗清. 中国人人际信任的概念化:一个人际关系的观点[J]. 社会学研究,1999(2):3－23.
[188]邹宇春,敖丹,李建栋. 中国城市居民的信任格局及社会资本影响:以广州为例[J]. 中国社会科学,2012(5):131－148.
[189]刘米娜,杜俊荣. 转型期中国城市居民政府信任研究:基于社会资本视角的实证分析[J]. 公共管理学报,2013,10(2):64－74.
[190]井世洁,杨宜音. 转型期社会信任感的阶层与区域特征[J]. 社会科学,2013(6):77－85.
[191]邓鑫. 多元文化与社会信任:基于中国综合社会调查的实证研究[J]. 四川师范大学学报(社会科学版),2018(4):73－84.
[192]陆铭,张爽. 劳动力流动对中国农村公共信任的影响[J]. 世界经济文汇,2008(4):76－87.
[193]汪汇,陈钊,陆铭. 户籍、社会分割与信任:来自上海的经验研究

[J]. 世界经济,2009(10):81-96.
[194] LI Y J, PICKLES A, SAVAGE M. Social capital and social trust in Britain[J]. European Sociological Review,2005,21(2):109-123.
[195]辛自强. 市场化与人际信任变迁[J]. 心理科学进展,2019,27(12):1951-1966.
[196]舒全峰,苏毅清,张明慧,等. 第一书记、公共领导力与村庄集体行动:基于CIRS"百村调查"数据的实证分析[J]. 公共管理学报,2018,15(3):51-65.
[197]KNACK S. Groups,growth and trust:cross-country evidence on the Olson and Putnam hypotheses[J]. Public Choice,2003,117:341-355.
[198] MORTENSON S T. Interpersonal trust and social skill in seeking social support among Chinese and Americans[J]. Communication Research,2009,36(1):32-53.
[199]HU H H. A comparative study of the effects of Taiwan-United States employee categorization on supervisor trust[J]. Social Behavior and Personality: An International Journal, 2007, 35(2):229-242.
[200]张军鹰,蔡会明. 浅析家族企业信任问题的成因和对策[J]. 商业研究,2005(11):128-130.
[201]薛天山. 中国人的信任逻辑[J]. 伦理学研究,2008(4):70-77.
[202]胡安宁,周怡. 再议儒家文化对一般信任的负效应:一项基于2007年中国居民调查数据的考察[J]. 社会学研究,2013(2):28-54.
[203]黄玖立,刘畅. 方言与社会信任[J]. 财经研究,2017,43(7):83-94.
[204]NUNN N,WANTCHEKON L. The slave trade and the origins of mistrust in Africa[J]. American Economic Review,2011,101(7):

3221 - 3252.

[205]许科,刘永芳.有限理性信任观:对理性计算和非理性态度的整合[J].心理科学,2007,30(5):1193 - 1195.

[206]COOK K S. Networks, norms, and trust: the social psychology of social capital[J]. Social Psychology Quarterly, 2005, 68(1): 4 - 14.

[207]吉登斯.现代性与自我认同[M].赵旭东,方文,译.北京:生活·读书·新知三联书店,1998.

[208]王绍兴,刘欣.信任的基础:一种理性的解释[J].社会学研究,2002(3):23 - 39.

[209]张建新,BOND M H.指向具体人物对象的人际信任:跨文化比较及其认知模型[J].心理学报,1993(2):164 - 172.

[210]李彬,史宇鹏,刘彦兵.外部风险与社会信任:来自信任博弈实验的证据[J].世界经济,2015(4):146 - 168.

[211]ROTHSTEIN B. Social capital, economic growth and quality of government: the causal mechanism[J]. New Political Economy, 2003, 8(1): 49 - 71.

[212]KUMLIN S, ROTHSTEIN B. Making and breaking social capital: the impact of welfare-state institutions[J]. Comparative Political Studies, 2005, 38(4): 339 - 365.

[213]张维迎.产权、政府与信誉[M].北京:生活·读书·新知三联书店,2001.

[214]胡安宁,周怡.一般信任模式的跨部门差异及其中介机制:基于2010年中国综合社会调查的研究[J].社会,2013,33(4):60 - 82.

[215]LABONNE J, CHASE R S. A road to trust[J]. Journal of Economic Behavior and Organization, 2010, 74(3): 253 - 261.

[216]STEINHARDT H C. How is high trust in China possible? Comparing the origins of generalized trust in three Chinese

societies[J]. Political Studies,2012,60(2):434-454.

[217]TAO R,YANG D L,LI M,et al. How does political trust affect social trust? An analysis of survey data from rural China using an instrumental variables approach[J]. International Political Science Review,2014,35(2):237-253.

[218]张加春.嵌入性信任:网络社会下的信任关系[J].中州学刊,2016(6):162-167.

[219]卢春天,权小娟.媒介使用对政府信任的影响:基于CGSS2010数据的实证研究[J].国际新闻界,2015,37(5):66-80.

[220]FISMAN R, KHANNA T. Is trust a historical residue? Information flows and trust levels[J]. Journal of Economic Behavior and Organization,1999,38(1):79-92.

[221]胡百精,李由君.互联网与信任重构[J].当代传播,2015(4):19-25.

[222]ELLISON N B,STEINFIELD C,LAMPE C. The benefits of facebook "friends": social capital and college students use of online social network sites[J]. Journal of Computer-Mediated Communication,2007,12(4):1143-1168.

[223]查德威克.互联网政治学:国家、公民与新传播技术[M].任孟山,译.北京:华夏出版社,2010.

[224]GRABNER-KRAEUTER S. The role of consumers' trust in online-shopping[J]. Journal of Business Ethics,2002,39(1-2):43-50.

[225]WANG Y D, EMURIAN H H. An overview of online trust: concepts, elements, and implications[J]. Computers in Human Behavior,2005,21(1):105-125.

[226]管金平.社会基本信任形态在网络环境中的范式更迭与制度回

应[J]. 学习与实践,2015(4):106-117.
[227]赵晓航,李建新. 当代青年的互联网使用与社会信任:基于CGSS2013数据的实证研究[J]. 青年研究,2017(1):19-27.
[228]AIKEN D,BOUSH D M. Trustmarks,objective source ratings,and implied investments in advertising:investigating online trust and the context specific nature of internet signals[J]. Journal of the Academy of Marketing Science,2006,34(3):308-323.
[229]MUTZ D C. Effects of internet commerce on social trust[J]. Public Opinion Quarterly,2009,73(3):439-461.
[230]DINESEN P T. Does generalized (dis)trust travel? Examining the impact of cultural heritage and destination-country environment on trust of immigrants[J]. Political Psychology,2012,33(4):495-511.
[231]GLANVILLE J L,PAXTON P. How do we learn to trust? A confirmatory tetrad analysis of the sources of generalized trust[J]. Social Psychology Quarterly,2007,70(3):230-242.
[232]HIRASHI K,YAMAGATA S,SHIKISHIMA C,et al. Maintenance of genetic variation in personality through control of mental mechanisms:a test of trust,extraversion,and agreeableness[J]. Evolution and Human Behavior,2008,29(2):79-85.
[233]范可. 当代中国的"信任危机"[J]. 江苏行政学院学报,2013(2):61-68.
[234]STURGIS P,BRUNTON-SMITH I,READ S,et al. Does ethnic diversity erode trust? Putnam's "hunkering down" thesis reconsidered[J]. British Journal of Political Science,2011,41(1):57-82.
[235]TOLSMA J,VAN DER MEER T,GESTHUIZEN M. The

impact of neighbourhood and municipality characteristics on social cohesion in the Netherlands[J]. Acta Politica, 2009, 44(3):286-313.

[236]DINESEN P T, SØNDERSKOV K M. Trust in a time of increasing diversity: on the relationship between ethnic heterogeneity and social trust in Denmark from 1979 until today[J]. Scandinavian Political Studies, 2012, 35(4):273-294.

[237]FINSERAAS H, JAKOBSSON N. Trust and ethnic fractionalization: the importance of religion as a cross-cutting dimension [J]. Kyklos, 2012, 65(3):327-339.

[238]VAN DER MEER T, TOLSMA J. Ethnic diversity and its effects on social cohesion[J]. Annual Review of Sociology, 2014, 40(1):459-478.

[239]ALESINA A, DEVLEESCHAUWER A, EASTERLY W, et al. Fractionalization[J]. Journal of Economic Growth, 2003, 8(2): 155-194.

[240]KOKKONEN A, ESAIASSON P, GILLJAM M. Migration-based ethnic diversity and social trust: a multilevel analysis of how country, neighbourhood and workplace diversity affects social trust in 22 countries[J]. Scandinavian Political Studies, 2014, 37(3):263-300.

[241]BĂDESCU G, SUM P E. Generalized trust and diversity in the classroom: a longitudinal study of Romanian adolescents[J]. Communist and Post-Communist Studies, 2015, 48(1):33-41.

[242]DINESEN P T. Me and Jasmina down by the schoolyard: an analysis of the impact of ethnic diversity in school on the trust of schoolchildren[J]. Social Science Research, 2011, 40(2):572-585.

[243] STOLLE D, HARELL A. Social capital and ethno-racial diversity: learning to trust in an immigrant society[J]. Political Studies, 2013, 61(1): 42 - 66.

[244] COSTA D L, KAHN M E. Civic engagement and community heterogeneity: an economist's perspective[J]. Perspectives on Politics, 2003, 1(1): 103 - 111.

[245] BJØRNSKOV C. Social trust and fractionalization: a possible reinterpretation [J]. European Sociological Review, 2008, 24 (3): 271 - 283.

[246] HELBLING M, REESKENS T, STOLLE D. Political mobilisation, ethnic diversity and social cohesion: the conditional effect of political parties[J]. Political Studies, 2015, 63(1): 101 - 122.

[247] BLUMER H. Race prejudice as a sense of group position[J]. Pacific Sociological Review, 1958, 1: 3 - 7.

[248] GLAESER E L, LAIBSON D I, SCHEINKMAN J A, et al. Measuring trust [J]. The Quarterly Journal of Economics, 2000, 115(3): 811 - 846.

[249] KOOPMANS R, REBERS S. Collective action in culturally similar and dissimilar groups: an experiment on parochialism, conditional cooperation, and their linkages [J]. Evolution and Human Behavior, 2009, 30(3): 201 - 211.

[250] MCPHERSON M, SMITH-LOVIN L, COOK J M. Birds of a feather: homophily in social networks [J]. Annual Review of Sociology, 2001, 27: 415 - 444.

[251] GIJSBERTS M, VAN DER MEER T, DAGEVOS J. "Hunkering down" in multi-ethnic neighbourhoods? The effects of ethnic diversity on dimensions of social cohesion[J]. European Sociological

Review,2012,28(4):527－537.

[252]BOUCKAERT J,DHAENE G. Inter-ethnic trust and recipro-city: results of an experiment with small businessmen[J]. European Journal of Political Economy,2004,20(4):869－886.

[253]FERSHTMAN C,GNEEZY U. Discrimination in a segmented society:an experimental approach[J]. The Quarterly Journal of Economics,2001,116(1):351－377.

[254] OLIVER J E, TALI M. Reconsidering the environmental determinants of white racial attitudes[J]. American Journal of Political Science,2000,44(3):574－589.

[255]ROSS C E, MIROWSKY J, PRIBESH S. Powerlessness and the amplification of threat: neighborhood disadvantage, disorder, and mistrust[J]. American Sociological Review,2001,66(4):568－591.

[256] MARSCHALL M J, STOLLE D. Race and the city: neighborhood context and the development of generalized trust [J]. Political Behavior,2004,26(2):125－153.

[257] LANCEE B, DRONKERS J. Ethnic, religious and economic diversity in Dutch neighbourhoods:explaining quality of contact with neighbours, trust in the neighbourhood and inter-ethnic trust[J]. Journal of Ethnic and Migration Studies,2011,37(4): 597－618.

[258] OLIVER J E, WONG J. Intergroup prejudice in multiethnic settings[J]. American Journal of Political Science,2003,47(4): 567－582.

[259] LOURY G C. A dynamic theory of racial income differences [M]//WALLACE P A, MUND A L. Women, minorities, and employment discrimination. Lexington:Lexington Books,1977:

153 - 188.

[260]LEWICKI R J,BUNKER B B. Trust in relationships:a model of development and decline[C]//BUNKER B B,RUBIN J Z. Conflict,cooperation and justice:essays inspired by the work of Morton Deutsh. San Francisco:Jossey-Bass Publishers,1995:133 - 173.

[261]杨宝琰,杜佳彤. 族际和解:概念界定、心理机制和促进策略[J]. 世界民族,2019(4):37 - 47.

[262]GRANOVETTER M. Economic action and social structure:the problem of embeddedness[J]. American Journal of Sociology,1985,91(3):481 - 510.

[263]PETTIGREW T F,TROPP L R,WAGNER U,et al. Recent advances in intergroup contact theory[J]. International Journal of Intercultural Relations,2011,35(3):271 - 280.

[264]唐有财,符平. 转型期社会信任的影响机制:市场化、个人资本与社会交往因素探讨[J]. 浙江社会科学,2008 (11):59 - 67.

[265]PETTIGREW T F. Generalized intergroup contact effects on prejudice[J]. Personality and Social Psychology Bulletin,1997,23(2):173 - 185.

[266]PETTIGREW T F. Intergroup contact theory[J]. Annual Review of Psychology,1998,49(1):65 - 85.

[267]TROPP L R,PETTIGREW T F. Differential relationships between intergroup contact and affective and cognitive dimensions of prejudice[J]. Personality and Social Psychology Bulletin,2005,31(8):1145 - 1158.

[268]迪尔凯姆. 社会学方法的规则[M]. 狄玉明,译. 北京:商务印书馆,1995.

[269]谢宇. 社会学方法与定量研究[M]. 北京:社会科学文献出版社,2006.

[270]泰洛特. 父贵子荣:社会地位和家庭出身[M]. 殷世才,孙兆通,译. 北京:社会科学文献出版社,1992.

[271]洪岩璧. 族群与教育不平等:我国西部少数民族教育获得的一项实证研究[J]. 社会,2010,30(2):45-73.

[272]西部大开发[EB/OL]. (2009-08-20)[2023-02-20]. http://www.hprc.org.cn/gsgl/dsnb/zbsj/200908/t20090820_28292.html.

[273]HIPP J R. Block, tract, and levels of aggregation: neighborhood structure and crime and disorder as a case in point[J]. American Sociological Review,2007,72(5):659-680.

[274]冯钢. 论社会组织的社会稳定功能:兼论"社会复合主体"[J]. 浙江社会科学,2012(1):66-73.

[275]FREITAG M, BAUER P C. Testing for measurement equivalence in surveys: dimensions of social trust across cultural contexts[J]. Public Opinion Quarterly,2013,77(S1):24-44.

[276]GUNDELACH B. In diversity we trust: the positive effect of ethnic diversity on outgroup trust[J]. Political Behavior,2014,36(1):125-142.

[277]GUEST A M, KUBRIN C E, COVER J K. Heterogeneity and harmony: neighbouring relationships among whites in ethnically diverse neighbourhoods in Seattle[J]. Urban Studies,2008,45(3):501-526.

[278]向德平,李红. 个人理性选择、社会制度环境与居民信任度差异[J]. 重庆社会科学,2014(4):39-52.

[279]陈福平. 市场社会中社会参与的路径问题:关系信任还是普遍

信任[J]. 社会,2012,32(2):84-104.

[280] SØNDERSKOV K M. Explaining large-N cooperation: generalized social trust and the social exchange heuristic[J]. Rationality and Society,2011,23(1):51-74.

[281]胡荣,林本. 社会网络与信任[J]. 湖南师范大学社会科学学报,2013,42(4):59-65.

[282]彭寅. 人际信任研究[D]. 武汉:武汉大学,2015.

[283]LI Y,ZHAO Y. Double disadvantages: a study of ethnic and hukou effects on class mobility in China (1996-2014)[J]. Social Inclusion,2017,5(1):5-19.

[284]林惠祥. 中国民族史[M]. 上海:商务印书馆,1939.

[285]马戎. 现代中国民族关系的类型划分[J]. 社会,2008(1):1-23.

[286]BIAN Y J,ZHANG L,YANG J K,et al. Subjective wellbeing of Chinese people: a multifaceted view[J]. Social Indicators Research,2015,121(1):75-92.

[287]杨建科,王琦. 经济发展、社会融合与西部居民幸福感:基于多民族的视角[J]. 民族研究,2018,235(5):4-16.

[288]崔静,邵兴周,王静兰,等. 新疆哈萨克族体质特征调查[J]. 人类学学报,1991 (4):305-313.

[289]华立. 清代的满蒙联姻[J]. 民族研究,1983(2):45-54.

[290]奇文瑛. 满蒙文化渊源关系浅析[J]. 清史研究,1992(4):55-65.

[291]BAHRY D,KOSOLAPOV M,KOZYREVA P,et al. Ethnicity and trust: evidence from Russia[J]. American Political Science Review,2005,99(4):521-532.

[292] POSNER D N. Measuring ethnic fractionalization in Africa[J]. American Journal of Political Science,2004,48(4):849-863.

[293]MAURO P. Corruption and growth[J]. The Quarterly Journal

of Economics,1995,110(3):681-712.

[294]MATSUMOTO A,MERLONE U,SZIDAROVSZKY F. Some notes on applying the Herfindahl-Hirschman Index[J]. Applied Economics Letters,2012(3):181-184.

[295]菅志翔. 中国族际通婚的发展趋势初探:对人口普查数据的分析与讨论[J]. 社会学研究,2016,31(1):123-145.

[296]哈贝马斯. 交往行为理论[M]. 曹卫东,译. 上海:上海人民出版社,2004.

[297]马戎. 论中国的民族社会学研究[J]. 北京大学学报(哲学社会科学版),2001(5):5-16.

[298]哈维兰. 当代人类学[M]. 王铭铭,等译. 上海:上海人民出版社,1987.

[299]DELHEY J,NEWTON K. Predicting cross-national levels of social trust: global pattern or nordic exceptionalism? [J]. European Sociological Review,2005,21(4):311-327.

[300]KALMIJN M. Intermarriage and homogamy: causes, patterns, trends[J]. Annual Review of Sociology,1998,24:395-421.

[301]USLANER E M. Where you stand depends upon where your grandparents sat: the inheritability of generalized trust[J]. Public Opinion Quarterly,2008,72(4):725-740.

[302]CHEONG P H, EDWARDS R, GOULBOURNE H, et al. Immigration,social cohesion and social capital:a critical review [J]. Critical Social Policy,2007,27(1):24-49.

[303]HABYARIMANA J,HUMPHREYS M,POSNER D N,et al. Why does ethnic diversity undermine public goods provision? [J]. American Political Science Review,2007,101(4):709-725.

[304]DINESEN P T, SØNDERSKOV K M. Ethnic diversity and

social trust: a critical review of the literature and suggestions for a research agenda [M]//USLANER E. The Oxford handbook on social and political trust. New York: Oxford University Press, 2018: 175 - 204.

[305] ADAMS R B, RULE N O, FRANKLIN R G, et al. Cross-cultural reading the mind in the eyes: An fMRI investigation [J]. Journal of Cognitive Neuroscience, 2010, 22(1): 97 - 108.

[306] MIGUEL E, GUGERTY M K. Ethnic diversity, social sanctions, and public goods in Kenya[J]. Journal of Public Economics, 2005, 89(11 - 12): 2325 - 2368.

[307] KAUFMANN E, GOODWIN M. The Diversity Wave: A Meta-analysis of ethnic diversity, perceived threat and native white backlash [C]//The 112th American Political Science Association Annual Conference. Philadelphia: American Political Science Association, 2016: 1 - 66.

[308] BOBO L, HUTCHINGS V L. Perceptions of racial group competition: extending Blumer's theory of group position to a multiracial social context[J]. American Sociological Review, 1996, 61: 951 - 972.

[309] QUILLIAN L. Prejudice as a response to perceived group threat: population composition and anti-immigrant and racial prejudice in Europe[J]. American Sociological Review, 1995, 60(4): 586 - 611.

[310] ALESINA A, LA FERRARA E. Participation in heterogeneous communities[J]. The Quarterly Journal of Economics, 2000, 115 (3): 847 - 904.

[311] SACCO J M, SCHMITT N. A dynamic multilevel model of demographic diversity and misfit effects[J]. Journal of Applied

Psychology,2005,90(2):203 - 231.

[312]ABASCAL M,BALDASSARRI D. Love thy neighbor? Ethnoracial diversity and trust reexamined[J]. American Journal of Sociology, 2015,121(3):722 - 782.

[313]PHAN M B. We're all in this together:context,contacts,and social trust in Canada[J]. Analyses of Social Issues and Public Policy,2008,8(1):23 - 51.

[314] KESLER C, BLOEMRAAD I. Does immigration erode social capital? The conditional effects of immigration-generated diversity on trust,membership and participation across 19 countries,1981 - 2000[J]. Canadian Journal of Political Science/Revue canadienne de science politique,2010,43(2):319 - 347.

[315]ZILLER C. Ethnic diversity,economic and cultural contexts, and social trust:cross-sectional and longitudinal evidence from European regions,2002 - 2010[J]. Social Forces,2015,93(3): 1211 - 1240.

[316]SAMPSON R J,RAUDENBUSH S W,EARLS F. Neighborhoods and violent crime: a multilevel study of collective efficacy [J]. Science,1997,277(5328):918 - 924.

[317]KURZBAN R,TOOBY J,COSMIDES L. Can race be erased? Coalitional computation and social categorization [J]. Proceedings of the National Academy of Sciences of the United States of America,2001,98(26):15387 - 15392.

[318]DE VROOME T, HOOGHE M, MARIEN S. The origins of generalized and political trust among immigrant minorities and the majority population in the Netherlands [J]. European Sociological Review,2013,29(6):1336 - 1350.

[319]KAZEMIPUR A. A Canadian exceptionalism? Trust and diversity in Canadian cities [J]. Journal of International Migration and Integration,2006,7(2):219 - 240.

[320]LEVELS M, SCHEEPERS P, HUIJTS T, et al. Formal and informal social capital in Germany: the role of institutions and ethnic diversity [J]. European Sociological Review, 2015, 31 (6):766 - 779.

[321]PORTES A, VICKSTROM E. Diversity, social capital, and cohesion [J]. Annual Review of Sociology, 2011, 37(1):461 - 479.

[322]WEBBER S S, DONAHUE L M. Impact of highly and less job-related diversity on work group cohesion and performance: a meta-analysis[J]. Journal of Management, 2001, 27(2):141 - 162.

[323]VERVOORT M, FLAP H, DAGEVOS J. The ethnic composition of the neighbourhood and ethnic minorities' social contacts: three unresolved issues[J]. European Sociological Review, 2011, 27(5): 586 - 605.

[324]KOKKONEN A, ESAIASSON P, GILLJAM M. Ethnic diversity and democratic citizenship: evidence from a social laboratory[J]. Scandinavian Political Studies, 2010, 33(4):331 - 355.

[325]BÉCARES L, STAFFORD M, LAURENCE J, et al. Composition, concentration and deprivation: exploring their association with social cohesion among different ethnic groups in the UK [J]. Urban Studies, 2011, 48(13):2771 - 2787.

[326]MARTINOVIC B, VAN TUBERGEN F, MAAS I. Dynamics of interethnic contact: a panel study of immigrants in the netherlands[J]. European Sociological Review, 2009, 25(3): 303 - 318.

[327]马戎.中国人口跨地域流动及其对族际交往的影响[J].中国人口科学,2009(6):2-13.

[328]束锡红,聂君.西部地区民族关系的实证研究[J].民族研究,2012(5):22-32.

[329]邓明.族群多样性、异质性偏好与省内财政分权安排[J].财政研究,2019(10):58-72.

[330]陈纪.少数民族流动人口问题:社会排斥的视角[J].云南民族大学学报(哲学社会科学版),2014,31(1):83-88.

[331]李琳.新形势下少数民族流动人口社会融入问题探析[J].中国统一战线,2013(12):45-46.

[332]温福星,邱浩政.多层次模式方法论:阶层线性模式的关键问题与试解[M].北京:经济管理出版社,2015.

[333]ACEMOGLU D,WOLITZKY A.Cycles of conflict:an economic model[J].American Economic Review,2014,104(4):1350-1367.

[334]贾洛雅,赵文龙,陈皆明.个体偏好还是机会结构?:中国西部地区族际交往影响机制的实证研究[J].宁夏社会科学,2019(6):90-100.

[335]STEPHAN W G,STEPHAN C W.Intergroup anxiety[J].Journal of Social Issues,1985,41(3):157-175.

[336]布劳.不平等和异质性[M].王春光,谢圣赞,译.北京:中国社会科学出版社,1991.

[337]BROPHY I N.The luxury of anti-Negro prejudice[J].Public Opinion Quarterly,1945,9(4):456-466.

[338]SIGELMAN L,BLEDSOE T,COMBS M.Making contact? Black-white social interaction in an urban setting[J].American Journal of Sociology,1996,101(5):1306-1332.

[339]黄健,邓燕华.高等教育与社会信任:基于中英调查数据的研究

[J]. 中国社会科学,2012(11):98-111.

[340] KALMIJN M, TUBERGEN F V. Ethnic intermarriage in the Netherlands: confirmations and refutations of accepted insights[J]. European Journal of Population,2006,22(4):371-397.

[341]王红曼. 论我国的民族教育政策及其成就[J]. 民族教育研究,2002(1):35-41.

[342]方跃平,汪全胜. 我国少数民族高等教育平等权及其实现路径:基于受教育机会比例平等原则的视角[J]. 民族教育研究,2019,30(2):42-49.

[343] SCHEEPERS P, GIJSBERTS M, COENDERS M. Ethnic exclusionism in European countries: public opposition to civil rights for legal migrants as a response to perceived ethnic threat[J]. European Sociological Review,2002,18(1):17-34.

[344]马戎. 我国部分少数民族就业人口的职业结构变迁与跨地域流动:2010 年人口普查数据的初步分析[J]. 中南民族大学学报(人文社会科学版),2013(6):1-15.

[345]BRIGGS X D S. "Some of my best friends are...": interracial friendships, class, and segregation in America[J]. City & Community,2007,6(4):263-290.

[346] TOLSMA J, DE GRAAF N D, QUILLIAN L. Does intergenerational social mobility affect antagonistic attitudes towards ethnic minorities? [J]. British Journal of Sociology,2009,60(2):257-277.

[347]MARTINOVIC B. The inter-ethnic contacts of immigrants and natives in the Netherlands: a two-sided perspective[J]. Journal of Ethnic and Migration Studies,2013,39(1):69-85.

[348]张文宏,雷开春. 城市新移民社会融合的结构、现状与影响因素

分析[J].社会学研究,2008(5):117－245.
[349]WANG F X,YAMAGISHI T. Group-based trust and gender differences in China[J]. Asian Journal of Social Psychology,2005,8(2):199－210.
[350]王琛,周大鸣.试论城市少数民族的社会交往与族际交流:以深圳市为例[J].广西民族研究,2004(2):37－42.
[351]HUYNH A C. Uniquely diverse: ethnic diversity and interethnic contact predict individualistic values and behaviour[D]. Waterloo: UWSpace,2018.
[352]GESTHUIZEN M, VAN DER MEER T, SCHEEPERS P. Ethnic diversity and social capital in Europe: tests of Putnam's thesis in European countries[J]. Scandinavian Political Studies,2009,32(2):121－142.
[353]OISHI S. The psychology of residential mobility: implications for the self, social relationships, and well-being[J]. Perspectives on Psychological Science,2010,5(1):5－21.
[354]OISHI S,LUN J,SHERMAN G D. Residential mobility, self-concept, and positive affect in social interactions[J]. Journal of Personality and Social Psychology,2007,93(1):131－141.
[355]STEPHAN W G,DIAZ-LOVING R,DURAN A. Integrated threat theory and intercultural attitudes in Mexico and the United States[J]. Journal of Cross-Cultural Psychology,2000,31(2):240－249.
[356]STEPHAN W G, STEPHAN C W, GUDYKUNST W B. Anxiety in intergroup relations: a comparison of anxiety/uncertainty management theory and integrated threat theory [J]. International Journal of Intercultural Relations, 1999,

23(4):613－628.

[357]GROSSMANN I, VARNUM M E W. Social structure, infectious diseases, disasters, secularism, and cultural change in America[J]. Psychological Science, 2015, 26(3):311－324.

[358]NAI J, NARAYANAN J, HERNANDEZ I, et al. People in more racially diverse neighborhoods are more prosocial[J]. Journal of Personality and Social Psychology, 2018, 114(4):497－515.

[359]SAVELKOUL M, GESTHUIZEN M, SCHEEPERS P. Explaining relationships between ethnic diversity and informal social capital across European countries and regions: tests of constrict, conflict, and contact theory[J]. Social Science Research, 2011, 40(4):1091－1107.

[360]VÖLKER B, FLAP H. Weak ties as a liability: the case of East Germany[J]. Rationality and Society, 2001, 13(4):397－428.

[361]VAN DER MEER T, TE GROTENHUIS M, PELZER B. Influential cases in multilevel modeling: a methodological comment[J]. American Sociological Review, 2010, 75(1):173－178.

[362]HUIJTS T, KRAAYKAMP G, SCHEEPERS P. Ethnic diversity and informal intra-and inter-ethnic contacts with neighbours in the Netherlands: a comparison of natives and ethnic minorities[J]. Acta Sociologica, 2014, 57(1):41－57

[363]CRAIG M A, RICHESON J A. More diverse yet less tolerant? How the increasingly diverse racial landscape affects white Americans' racial attitudes[J]. Personality and Social Psychology Bulletin, 2014, 40(6):750－761.

[364]BERNHARD H, FEHR E, FISCHBACHER U. Group affiliation and altruistic norm enforcement[J]. American Economic Review, 2006, 96(2):217－221.

[365]LI Y,SMITH N,DANGERFIELD P. Social trust:the impact of social networks and inequality[J]. British Social Attitudes, 2018,35:1-25.

[366]SCHMID K, RAMIAH A A, HEWSTONE M. Neighborhood ethnic diversity and trust: the role of intergroup contact and perceived threat[J]. Psychological Science,2014,25(3):665-674.

[367]PETTIGREW T F,TROPP L R. How does intergroup contact reduce prejudice? Meta-analytic tests of three mediators[J]. European Journal of Social Psychology,2008,38(6):922-934.

[368]PETTIGREW T F, WAGNER U,CHRIST O. Population ratios and prejudice:modelling both contact and threat effects[J]. Journal of Ethnic and Migration Studies,2010,36(4):635-650.

[369]BUZASI K. Languages, communication potential and generalized trust in sub-Saharan Africa: evidence based on the Afrobarometer survey[J]. Social Science Research,2015,49:141-155.

[370]STOLLE D,PETERMANN S,SCHMID K,et al. Immigration-related diversity and trust in German cities: the role of intergroup contact[J]. Journal of Elections,Public Opinion and Parties,2013,23(3):279-298.

[371]SCHLUETER E, WAGNER U. Regional differences matter examining the dual influence of the regional size of the immigrant population on derogation of immigrants in Europe[J]. International Journal of Comparative Sociology, 2008, 49(2-3): 153-173.

[372]DEMIREVA N, HEATH A. Diversity and the civic spirit in British neighbourhoods: an investigation with MCDS and EMBES 2010 Data[J]. Sociology,2014,48(4):643-662.

[373]马戎. 民族社会学:社会学的族群关系研究[M]. 北京:北京大学出版社,2004.

[374]习近平:坚持依法治疆团结稳疆长期建疆 团结各族人民建设社会主义新疆[N]. 人民日报,2014-05-30(1).

[375]滕尼斯. 共同体与社会:纯粹社会学的基本概念[M]. 林荣远,译. 北京:北京大学出版社,2010.

[376]郭雪松,赵慧增,张文芳. 城市边缘社区居民利益诉求表达行为意向影响因素研究:基于感知价值视阈的分析[J]. 公共管理与政策评论,2020,9(2):18-32.

[377]中共中央政治局召开会议研究进一步推进新疆社会稳定社区环境的理论分析和长治久安工作[N]. 人民日报,2014-05-27(1).

[378]闵言平. 深刻把握民族工作"五个并存"的新特征[EB/OL]. (2014-12-08)[2022-12-25]. https://www.neac.gov.cn/seac/c100518/201411/1086916.shtml.

[379]杨江华,贾洛雅,郝明松. 民族多样性与社区邻里信任:基于中国西部社会经济变迁调查的实证研究[J]. 社会学评论,2022,10(3):121-140.

附　录

中国西部社会经济变迁调查问卷 2010 年

1. 问卷编号：| | | | |

2. 采访地点：（记录地点的名称）

省/自治区/直辖市名称：________________（编码：________）

市+县/区名称：________________（编码：________）

乡/镇/街道名称：________________（编码：________）

居委会/村委会名称：________________（编码：________）

A 部分：个人及家庭基本情况

A1. 性别（访问员记录）

男 …………………………………………………………… 1

女 …………………………………………………………… 2

A2. 您的出生年份？| | | | |年。

A3. 您的民族（访问员记录）：____________

A7. 您已完成的最高学历是：

没有受过任何教育 ………………………………………… 1

私塾/扫盲班/小学未毕业 ………………………………… 2

小学 ………………………………………………………………… 3
初中 ………………………………………………………………… 4
职业高中 …………………………………………………………… 5
普通高中 …………………………………………………………… 6
中专 ………………………………………………………………… 7
技校 ………………………………………………………………… 8
大学专科(成人高等教育) ………………………………………… 9
大学专科(普通高等教育) ……………………………………… 10
大学本科(成人高等教育) ……………………………………… 11
大学本科(普通高等教育) ……………………………………… 12
研究生及以上 …………………………………………………… 13
其他(请注明:______________) ………………………………… 14

A19.您目前的户口登记状况是:

农业户口 …………………………………………………………… 1
非农业户口 ………………………………………………………… 2
蓝印户口 …………………………………………………………… 3
居民户口 …………………………………………………………… 4
军籍 ………………………………………………………………… 5
没有户口 …………………………………………………………… 6
其他(请注明:____________________) …………………………… 7

A32.您目前的婚姻状况:

未婚 ……………………………………………… 1→跳至 A39 题
同居 ………………………………………………………………… 2
已婚 ………………………………………………………………… 3
分居未离婚 ………………………………………………………… 4
离婚 ………………………………………………………………… 5
丧偶 ………………………………………………………………… 6

A52. 您 2009 年全年家庭总支出是多少？（记录具体数字，并高位补零）

百万位 十万位 万位 千位 百位 十位 个位

______ ______ ____ ____ ____ ____ ____元

A53. 您 2009 年个人全年的总收入是多少元？（记录具体数字，并高位补零）

百万位 十万位 万位 千位 百位 十位 个位

______ ______ ____ ____ ____ ____ ____元

B 部分：人生态度与社会观念

对下列的人和组织，您的信任程度：	完全信任	比较信任	不太信任	根本不信任	说不清
B48. 社会上大多数人	1	2	3	4	9
B49. 家人	1	2	3	4	9
B50. 朋友	1	2	3	4	9
B51. 邻居	1	2	3	4	9
B55. 陌生人	1	2	3	4	9

F 部分：民族关系与宗教信仰

F4. 现在了解一下您与其他民族的交往意愿。

内容	非常不愿意	不愿意	无所谓	愿意	非常愿意
F4a. 您愿意与其他民族的人聊天吗？	1	2	3	4	5
F4b. 您愿意与其他民族的人一起工作吗？	1	2	3	4	5
F4c. 您愿意与其他民族的人做邻居吗？	1	2	3	4	5
F4d. 您愿意与其他民族的人做亲密朋友吗？	1	2	3	4	5
F4e. 您本人或子女愿意与其他民族的人通婚吗？	1	2	3	4	5

F7. 下列一些说法在多大程度上符合您的情况？

内容	很不符合	不太符合	一般	比较符号	非常符号	不适用
F7a. 能听懂当地其他民族的语言	1	2	3	4	5	−7
F7b. 能用当地其他民族的语言对话	1	2	3	4	5	−7
F7c. 能书写当地其他民族的文字	1	2	3	4	5	−7
F7d. 能习惯当地其他民族的饮食	1	2	3	4	5	−7
F7e. 能适应当地其他民族的习俗	1	2	3	4	5	−7
F7f. 过当地其他民族的节日	1	2	3	4	5	−7
F7g. 日常也穿当地其他民族的服装	1	2	3	4	5	−7